Claudia Lorenz-Ladener

Dörren
Aroma pur

Alle Basics und viele einfache Rezepte
für Chips, Fruchtleder, Dörrbrot
und Cracker, Gemüsepulver,
Jerky und mehr

ökobuch

Bibliografische Information
der Deutschen Nationalbibliothek

Die Deutsche Nationalbibliothek verzeichnet diese Publikation in der Deutschen Nationalbibliografie; detaillierte bibliografische Angaben sind im Internet unter http://dnb.d-nb.de abrufbar.

Unsere Bücher werden nach höchsten Ansprüchen an Nachhaltigkeit und Ökologie produziert und wir optimieren ständig weiter:

- Papiere und Pappen sind FSC® oder PEFC™ zertifiziert
- Druckfarben auf Pflanzenölbasis
- Druckplattenbelichtung komplett chemiefrei
- Klebstoffe lösungsmittelfrei
- 100% Öko-Strom bei Druck und Bindung
- Müllvermeidung und Recycling bei der Produktion
- kurze Wege, gedruckt in Deutschland

ISBN 978-3-936896-99-2

5. Auflage 2023

Königstr. 43, 26180 Rastede
E-Mail: verlag@oekobuch.de
http://www.oekobuch.de

Druck: Grafisches Centrum Cuno, Calbe

FSC
www.fsc.org
MIX
Papier aus verantwortungsvollen Quellen
FSC® C043106

Fotonachweis:
Alle Abbildungen, wenn nicht anders bezeichnet, stammen von der Autorin.

Inhalt

1 Trocknen und Dörren

Trocknen und Dörren gehören zu den ältesten Methoden, Lebensmittel zu konservieren. Das Prinzip ist einfach: Durch Wärme und Luftzirkulation wird frischen Lebensmitteln so viel Feuchtigkeit entzogen, dass sich Mikroorganismen, die zum Verderben führen, nicht mehr schnell vermehren können. Dadurch bleiben die Lebensmittel länger haltbar.
Trocknen bzw. Dörren ist ein wenig aufwendiger Vorgang. Anders als beim Einkochen brauchen keine Behälter sterilisiert und die Lebensmittel nicht gekocht zu werden und anders als beim Tieffrieren wird nicht für die Lagerung eine lange Zeit elektrischer Strom benötigt. Nicht nur Hobbygärtner, die ihre Ernte konservieren möchten, sondern auch ernährungsbewusste Menschen, die hohe Ansprüche an die Qualität ihrer Lebensmittel stellen, haben das Trocknen und Dörren in den vergangenen Jahren neu für sich entdeckt. Denn neben dem traditionellen Haltbarmachen von Obst, Gemüse und Kräutern können auch Brot, Fladen, Cracker, Pizzaböden, gehaltvolle Fruchtriegel, knackige Gemüsechips, Fruchtpulver, aromatisches Obstleder und dgl. mehr in Rohkostqualität (siehe S. 13) hergestellt werden. Auch Trockenfleisch in Form von Jerkys, wird heute nicht mehr nur bei Trekkingtouren geschätzt, sondern ist als eiweißreicher, fettarmer Snack auch im Büro oder vor dem Fernseher eine feine Knabberei. Wer pflanzliche Eiweißquellen bevorzugt, findet vielleicht an Jerkys aus Tofu oder Gluten (Seitan) seinen Gefallen.
Und nicht zu vergessen: Trocknen und Dörren macht Spaß, ist nicht schwierig und kann tolle Geschmacksergebnisse bringen!

Sanfte Wärme

Was passiert beim Trocknen und Dörren? Werden frische Lebensmittel warmer Luft ausgesetzt, wird Feuchtigkeit aus ihren äußeren Schichten an die Luft abgegeben. Die Feuchtigkeit aus dem Inneren wandert nach, bis im Getrockneten nur noch so wenig Zellwasser verbleibt, dass den Bakterien und Pilzen dort die Lebensgrundlage entzogen wird.
Beim Trocknen bleiben alle Mineralstoffe erhalten, licht-, wärme- und sauerstoffempfindliche Vitamine gehen jedoch teilweise verloren, vor allem Vitamin C (bis 50%), weniger die B-Vitamine (10-40%). Der Vitaminverlust

1.1
Gekaufte Trockenfrüchte haben ihren Preis.

1.2
Getrocknete Zitronen und Chilischoten auf einem Markt im Oman.

1.3
Tomaten und Mais trocknen auf El Hierro/ Kanarische Inseln.

ist hauptsächlich von der Temperatur abhängig, bei der getrocknet wird. Je höher die Temperatur ist, desto mehr Inhaltstoffe werden zerstört.

Trocknen ohne Technik

Am energiesparensten ist natürlich das Trocknen an der Luft. Dies kann bei sommerlichen Temperaturen und niedriger Luftfeuchtigkeit mit Kräutern, Obst und Pilzen an einem trockenen, belüfteten Ort gut funktionieren. Je nach Lebensmittel und dessen Feuchtigkeitsgehalt kann das Trocknen 3 bis 4 Tage dauern. Am besten sollte im Schatten getrocknet werden, durch starke Sonneneinstrahlung, d.h. hohe Temperaturen, gehen Nährstoffe verloren.

Am einfachsten ist es, Kräuter und Gemüse zu bündeln oder auf Fäden aufzuziehen und luftumspült aufzuhängen bzw. auf Siebe, Trockenrahmen, Backofenroste oder Gitter zu legen und warmer Luft auszusetzen.

Trockenrahmen: Sie sind aus Holzlatten schnell gebaut und werden mit einer Auflage aus dünnem Netz oder Fliegengitter bespannt. Trocknen im Freien zieht allerdings nicht nur Staub, sondern bei süßen Früchten gern auch Unmengen von Fruchtfliegen an. Deshalb empfiehlt sich, zum Schutz das in dünnen Schichten ausgelegte Trockengut mit einer Gaze o.ä. abzudecken. Bei stapelbaren Holzrahmen ist zwischen den einzelnen Ebenen ein Abstand von 10 bis 15 cm wichtig, damit die Luft gut zirkulieren kann. Wird im Freien getrocknet, sollte das Trockengut wegen der Nachtfeuchtigkeit abends ins Haus geholt werden.

1.4
Kräuter trocknen unter einem Scheunendach. Foto: Peter Himmelhuber

1.5
Kaffeebohnen trocknen auf Kuba – einfach auf Beton.

1.6
Getrocknete Chilischoten an einem Marktstand auf Madeira.

Auch im Haus ist einfache Lufttrocknung möglich. Traditionell wurde bei sinkenden Außentemperaturen die Wärme von sonnenbeschienenen Fenstern, von Kachelöfen und anderen Heizkörpern genutzt. Ebenso zum Trocknen geeignet sind die luftigen, nicht ausgebauten Dachböden alter Häuser.

1.7
Tomaten auf Sizilien: Professionelles Lufttrocknen auf Sieben.

Holzbefeuerte Dörrhütten und kleine Combitrockner

Neben den üblichen Backhäusern, deren Nachwärme zur Trocknung von Obst genutzt werden konnte, gab es im ländlichen Bereich früher vereinzelt auch spezielle holzbefeuerte Dörrhütten. Sie hatten unten einen geschlossenen Feuerraum, dessen Wärme zu den darüber liegenden Trockengestellen geleitet wurde. Diese Trocknungsmethode wird auch heute wieder in Form kleiner, solar unterstützter Combitrockner (Abb. 1.8 - 1.10) angewandt: Mit einfachen Luftkollektoren wird Sonnenwärme zur Trocknung genutzt, bei mangelnder Einstrahlung wird die Wärme mit der holzbefeuerten Nachheizung erzeugt. Dies hat den Vorteil, dass bei mangelnder Sonneneinstrahlung der Trocknungsvorgang nicht unterbrochen wird oder an anderer Stelle weitergeführt werden muss.

1.8
Selbstgebauter Solardörrer (Combitrockner) mit Warmluft-Sonnenkollektor...

1.9 ...und Holz-Nachheizung.

1.10
Funktionsprinzip Combitrockner – hier noch ohne Rauchabzugsrohr. Zeichnung: Erwin Zachl

1.8

1.9

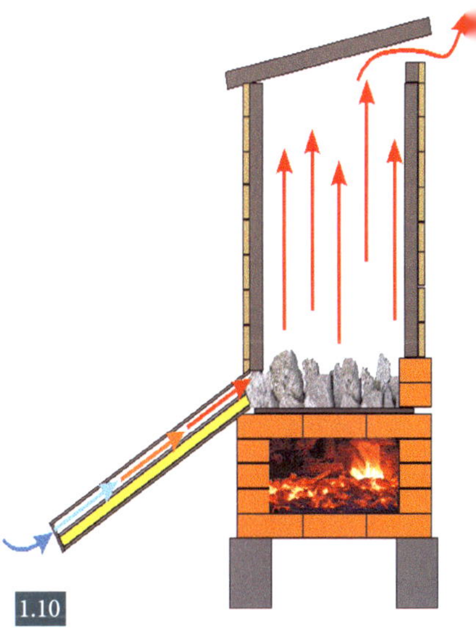
1.10

Trocknen im Solartrockner

Solartrockner, die im Hausgarten oder auf dem Balkon im Sommer gute Dienste leisten, geben Wärme mit Hilfe von Warmluftkollektoren an zu trocknendes Obst und Gemüse ab. Sie sind gewöhnlich robust in der Handhabung und können von halbwegs geschickten Hobbyhandwerkern mit wenig Werkzeug und geringem materiellen Einsatz selbst gebaut werden. Detaillierte Bauanleitungen für gut funktionierende einfache bis sehr effektiv konstruierte Solartrockner in unterschiedlichen Ausführungen sind z.B. im Buch „Trocknen & Dörren mit der Sonne", herausgegeben von Claudia Lorenz-Ladener, ökobuch Verlag, zu finden.

Dörren im Backofen

Um im Backofen auf Gitterrosten und Blechen zu dörren, sollte der Backofen eine Umluft-Funktion haben. Außerdem sollten sich niedrige Temperaturen möglichst exakt mit digitaler Temperaturwahl einstellen lassen. Bei den üblichen Backöfen kann die Temperatur meist erst ab 60°C und dann auch nur relativ ungenau eingestellt werden. Doch schon ab Temperaturen über 50°C verändert sich bei Obst und Gemüse die chemische Struktur des Fruchtzuckers und das Gedörrte verliert viel von seinem natürlichen fruchtigen Aroma. Bei Temperaturen über 90°C wird Fruchtmus schnell zu heiß, fängt an zu köcheln und wird hart.

1.11

1.12

1.11
Warmluft-Solartrockner, die der Sonne nachgeführt werden können.

1.12
Die Siebe werden einfach oben auf Öffnungen im Holz gesetzt.

1.13

1.14

1.13
Drehbarer Warmluft-Solartrockner mit integriertem Wasserwärmespeicher.

1.14
Klappbarer Solartrockner zum Selbstbauen.
Bild: Michael Götz

Damit die Feuchtigkeit entweichen kann, muss die Backofentür immer etwas offenstehen – gewöhnlich wird ein Holzkochlöffel dazwischen geklemmt. Getrocknet wird auf den üblichen, mit Backpapier ausgelegten Backblechen oder auf Gitterrosten. Um größere Obstmengen auf einmal trocknen zu können, lassen sich Fruchtstücke, z.B. Apfelringe auch auf dünne Holzstangen aufziehen, die auf Ofenbreite zugeschnitten und in die seitlichen Schienen des Backofens eingesteckt werden.
Generell ist das Trocknen im Backofen aber eher nur für erste Versuche zu empfehlen, bei häufigerem Dörren wird einfach viel Energie verbraucht, wobei die spaltbreit geöffnete Backofentür weiter zum höheren Energieverbrauch beiträgt. Und auch im Backofen benötigt das Trocknen seine Zeit: Apfelringe (bei 45°C) etwa 10 Stunden, Tomaten bei ca. 60°C etwa 10 bis 24 Stunden.

1.15
Kleiner solarer Tunneltrockner zum Selbstbauen.
Bild: Heike Hoedt

Trocknen im Dörrapparat

Im Dörrgerät ist der Energieverbrauch geringer als im Backofen. Wer also häufiger dörrt, ist damit gut beraten. Der vertikale oder horizontale Luftstrom wird dabei mit Heizspiralen erwärmt, ein Gebläse verteilt die warme Luft im Dörrgerät und führt feuchte Luft nach draußen ab.
Dörrgeräte gibt es in vielen Ausführungen und zu sehr unterschiedlichen Preisen. Wichtig ist, dass die Trocken- oder Dörrtemperatur bis 70°C stufenlos gewählt werden kann, ebenso, dass eine Zeitschaltuhr das Gerät nach der gewünschten Trockenzeit abschaltet. Durch die Temperaturregelung kann so schonend gedörrt werden, dass das Gedörrte noch die Qualität von Rohkost hat, was bedeutet, dass die Lebensmittel nur bis max. 42°C erwärmt werden.

1.16
Beispiele für elektrisch beheizte Dörrgeräte, bei denen sich Lufttemperatur und Dörrzeit einstellen lassen. Oben ein Gerät mittlerer Preisklasse mit stapelbaren Aufsätzen, bei dem die Wärme durch einen Lüfter angetrieben von unten nach oben strömt. Unten ein Gerät der gehobenen Preisklasse mit Einschüben aus Edelstahlsieb, bei dem die Wärmeverteilung von den Gehäusewänden aus erfolgt (siehe auch Frage 10 Seite 13).
Produktbilder: Stöckli und Excalibur

Sommer im Glas
PRODUIT DE TERROIR

10 häufige Fragen und die Antworten dazu

1 Was kann getrocknet und gedörrt werden?
Im Prinzip alles, was Wasser und nicht viel Fett enthält.

2 Was ist der Unterschied zwischen Trocknen und Dörren?
Das Konservieren mit strom- bzw. gasabhängigen Energiequellen wird oftmals Dörren genannt, während der Wasserentzug mittels natürlicher Wärme und Luftzirkulation als Trocknen bezeichnet wird. In der Literatur wird manchmal der nährstoffschonende Wasserentzug bei Temperaturen unter 42°C „trocknen" genannt und der Wasserentzug bei höheren Temperaturen „dörren". Prinzipiell sind aber beide Bezeichnungen richtig und so wird in diesem Buch mal die eine oder andere Bezeichnung verwendet, unabhängig vom Wärmeträger oder der Temperatur.

3 Wie lang sind die Dörrzeiten für Obst, Gemüse, Fleisch…?
Unter einer Restfeuchte von 15-20% können sich Mikroorganismen kaum entwickeln, es gilt also, den Nahrungsmitteln nach und nach das Wasser zu entziehen, am besten schonend, um ihre wertvollen Inhaltsstoffe bestmöglich zu erhalten. Der Wassergehalt von Früchten liegt zwischen ca. 75% (Bananen) und etwa 90% (Erdbeeren), der von Gemüse zwischen ca. 72% (Meerrettich) und etwa 95% (Zucchini).
Es ist nicht sinnvoll, sich nach exakt angegebenen Trockenzeiten zu richten, denn die Trocken- und Dörrzeiten sind von vielen Faktoren abhängig. Nicht nur davon, auf welche Art und bei welcher Temperatur die Feuchtigkeit entzogen wird, sondern auch vom Wassergehalt des jeweiligen Lebensmittels, der Luftzirkulation und natürlich auch von der Größe, Menge und Stärke des Dörrgutes, der Anzahl der belegten Etagen, sowie einigen weiteren Faktoren. Auch das Außenklima, d.h. die Temperatur und Luftfeuchte des Raumes, in dem getrocknet wird, hat einen Einfluss. Generell gilt: *Sanft Getrocknetes/Gedörrtes ist immer Slow Food!* Die Angaben zu Dörrzeiten, egal, woher sie stammen, sollten immer nur als ungefähre Richtwerte verstanden werden. Einfacher anzugeben sind die vorzugsweise einzuhaltenden Dörrtemperaturen: Kräuter werden nicht höher als bei 35°C getrocknet, damit deren ätherische Öle bestmöglich erhalten bleiben. Wird bei Obst und Gemüse Rohkostqualität angestrebt, so sollte die Dörrtemperatur 42°C nicht übersteigen, Gemüse und Obst, die zum Kochen oder Backen bestimmt sind, können auch bei 60°C bis 70°C konserviert werden. Wird das Dörrgut allerdings zu heiß, kann es passieren, dass die Außenhaut schon fest wird, bevor die Feuchtigkeit innen verdunstet. Das führt zu Ergebnissen, die nicht lange haltbar sind. Um knackige Chips aus Gemüse oder Früchten herzustellen, beträgt die Bandbreite der Dörrtemperaturen 42°C bis 140°C (siehe S. 65 ff.). Entsprechend sind die Dörrzeiten, sie können von etwa 45 Minuten (im Backofen bei 140°C Umluft) bis weit über 10 Stunden (Dörrgerät bei max. 42°C) reichen. Fleisch wiederum ist ein Sonderfall. Es sollte immer bei mindestens 68°C gedörrt werden, siehe S. 105 ff.

4 Wie erkenne ich, wann das zu Trocknende wirklich trocken ist?
Wer schon ab und zu Lebensmittel gedörrt hat, entwickelt ein Gefühl dafür, wann die verbleibende Feuchtigkeit gering genug und das Lebensmittel richtig durchgetrocknet ist. Farbe, Konsistenz etc. sind eher ein Gradmesser als angegebene Dörrzeiten. Ein ausreichender Wasserentzug ist für die Länge der Haltbarkeit des Gedörrten ein wichtiges Kriterium.
Die Konsistenz sollte lederartig und biegsam sein, das gilt für viele Dörrprodukte. *Kirschen, Beeren und Quittenleder* z.B. bleiben aber, obwohl lang genug getrocknet, dennoch oft ein bisschen klebrig. Gut getrocknete Kräuter lassen sich zwischen den Fingern zerreiben, Gemüse wird zäh bis spröde bzw. brüchig nach dem Dörren. Dörrbrot ist ausreichend trocken, wenn es biegsam ist und beim Biegen knackt, Fleisch wird zudem noch dunkelfarben, fast schwarz.
Was die Farbe betrifft, so deutet eine etwas dunklere Farbe bei einem in der Mitte aufgeschnitte-

nen Dörrgut auf Feuchtigkeit hin (kleine Wassertröpfchen an den Schnittkanten natürlich auch). Test: Wird das aufgeschnittene Lebensmittel zwischen den Fingern zusammengepresst, dürfen keine Spuren von Feuchtigkeit sichtbar sein. Bevor Dörrgut länger aufbewahrt wird, kann ein weiterer Feuchtigkeitstest Klarheit bringen: Das Getrocknete locker in ein Glas geben und dieses fest verschließen. Zeigt sich nach 2 bis 3 Tagen Feuchtigkeit am Gedörrten oder beim Schütteln an der Innenseite des Glases, muss nachgetrocknet werden. Es ist sinnvoll, nur immer jeweils kleine Mengen abzupacken, dann ist der Verlust nicht so groß, sollte hier und da doch mal Schimmel auftauchen.

5 Wie kann ich die Trockenzeit verkürzen?

Natürlich können Lebensmittel bei höheren Temperaturen als 42°C getrocknet werden, das senkt die Trocknungszeit. Allerdings bleibt dann die Rohkostqualität nicht mehr erhalten, d.h. Nährstoffe gehen verloren. Die Trockenzeit lässt sich aber schadlos verkürzen, wenn die Lebensmittel in sehr dünne, gleichmäßige Scheiben oder kleine Stücke geschnitten und mit den Schnittflächen nach oben getrocknet werden. Für eine gute Luftzirkulation sollten sich die Stücke nicht berühren. Auch die Schnittrichtung z.B. bei Gemüse und Fleisch kann die Trocknungszeit mindern, denn quer zur Faser Geschnittenes trocknet etwas schneller.

Bei manchen Dörrgeräten ist es auch sinnvoll, für ein gleichmäßiges Trocknen die Siebe während des Trocknungsvorgangs mehrmals auszutauschen, also den oberen nach unten zu schieben usw. Und natürlich hilft es, das Dörrgut auf den Sieben mehrmals zu wenden.

6 Wie lagere ich getrocknete Lebensmittel am besten?

Getrocknete Lebensmittel neigen dazu, Feuchtigkeit aus der Luft aufzunehmen. Deshalb sollten sie in sehr sauberen, dicht verschließbaren, auch recycelten Behältern aufbewahrt werden (Einmachgläser mit Schnappverschluss und Gummidichtung, Schraubgläser, Metalldosen und Kunststoffbehälter, deren Deckelränder zusätzlich mit Klebeband abgedichtet werden). Kunststoffbeutel sind nicht empfehlenswert, da Motten und Larven die Folie durchdringen können. Die Behältnisse sollten dunkel und kühl lagern, wenn das Getrocknete mehrere Monate, bis zur nächsten Ernte oder gar noch länger haltbar sein sollte. Nach dem Dörren die Lebensmittel erst abkühlen lassen, dann sofort, am besten in kleineren Portionen, verpacken, bevor sie wieder Feuchtigkeit aus der Luft aufnehmen.

7 Können gedörrte Lebensmittel gesundheitsschädlich sein?

Im Vergleich zu anderen Methoden der Konservierung kann bei gedörrten Lebensmitteln wenig passieren. Botulismus ist gefürchtet, eine durch Bakterien verursachte, heute sehr seltene lebensbedrohende Vergiftung, die meist durch verdorbene Fleisch- und Wurstwaren in Konserven oder Kunststoffverpackungen hervorgerufen wird. Um schädliche Mikroorganismen abzutöten, sollte Fleisch immer bei mindestens 68°C gedörrt werden, auch wenn im Internet oftmals andere Temperaturen angegeben werden (und Jerkys sicherlich die Kaumuskeln weniger beanspruchen, wenn sie noch etwas feucht sind).

Gesundheitsgefährdender Schimmel auf und in gelagertem Dörrgut kommt allerdings häufiger vor. Ursache ist ein zu geringer Feuchtigkeitsentzug. Deshalb sollte Dörrgut, das einen muffigen, stumpfen, sauren oder schimmligen Geruch hat, merkwürdig aussieht und/oder schmeckt, natürlich nicht mehr verzehrt werden.

Gedörrte Lebensmittel sind konzentriert und haben entsprechend vielen Kalorien. Getrocknetes Obst ist zwar aufgrund seines geringen Fettgehaltes eine gesündere Süßigkeit als z.B. Schokolade, es hat allerdings einen sehr hohen Zuckergehalt (je nach Frucht über 50%). Der Verzehr zu großer Mengen an Trockenfrüchten kann abführend wirken oder Blähungen verursachen.

Wer viel gedörrtes Obst und Gemüsechips zu sich nimmt, sollte immer auf eine ausreichende Flüssigkeitszufuhr achten. So können die faserreichen Dörrfrüchte und Chips im Körper quellen, was sich positiv auf die Verdauung auswirkt.

8 Wie kann ich Vorratsschädlinge vermeiden?

Früher wurde Gedörrtes gern staubgeschützt in Leinensäckchen gefüllt und luftig aufgehängt oder in Holztruhen aufbewahrt. Das konnte allerdings Schädlinge nicht wirksam davon abhalten, sich am Inhalt zu bedienen.

Dörrobstmotten, Brotkäfer, diverse Maden und andere kleine Lebensmittelschädlinge, aber auch große wie z.B. Hausmäuse, können wenig ausrichten, wenn das Gedörrte in stabilen, luftdichten Behältern (siehe Frage 6) aufbewahrt und der Inhalt ab und zu überprüft wird. Haben sich trotz guter Verpackung Vorratsschädlinge eingenistet, ist es sinnvoll, nicht nur die befallenen Teile zu entfernen, sondern Befallenes großzügig zu entsorgen. Auch deshalb ist es sinnvoll, nur jeweils immer kleine Mengen abzupacken, dann ist der Verlust nicht so groß.

9 Wie lange ist Getrocknetes haltbar?

Gut durchgetrocknetes Obst und Gemüse ist etliche Jahre haltbar, nach etwa einem Jahr wird aber das Aroma meist schwächer. Deshalb ist zu empfehlen, Gedörrtes nicht länger als bis zur nächsten Ernte aufzubewahren. Fetthaltige Lebensmittel wie Ölsaaten (z.B. Leinsamen), Nüsse oder Dörrfleisch (Jerky) sind nicht so lange haltbar.

Rohkostqualität

Bei niedrigen Temperaturen getrocknet oder gedörrt, behalten Lebensmittel ihre hitzeempfindlichen Nährstoffe und Enzyme bestmöglich. Es gibt unterschiedliche Aussagen, ab welcher Temperatur die Enzyme denaturieren. In Deutschland werden gewöhnlich Lebensmittel, die nicht höher als 42°C erwärmt werden, noch als Rohkost bezeichnet, während in den USA z.B. oftmals 118°Fahrenheit als Grenztemperatur genannt wird, entsprechend 47°C. Der Grund für die unterschiedlichen Angaben zur vertretbaren Temperatur für Rohkost könnte darin liegen, dass bisher überhaupt erst ein kleiner Teil der Enzyme erforscht wurde bzw. dass es keine hinreichend genauen Kriterien dafür gibt, was unter dem Begriff „Rohkost" einzuordnen ist.

10 Welches Dörrgerät soll ich kaufen?

Bei Dörrgeräten sind prinzipiell zwei Bauweisen üblich: Es gibt Dörrgeräte mit stapelbaren Aufsätzen („Stapeldörrer") und solche mit Einschüben in ein Gehäuse („Einschubdörrer"). Bei den Geräten mit den stapelbaren Aufsätzen strömt die Wärme gewöhnlich von unten, sie wird durch einen Lüfter meist mehr oder weniger gleichmäßg verteilt, weshalb geraten wird, die Etagen während des Dörrvorgangs öfters mal auszutauschen. Kontrollmessungen der Autorin an ihrem Dörrgerät zeigten, dass bei 5 übereinander gestapelten, mit Dörrgut voll belegten runden Sieben (33 cm Durchmesser) die Temperatur von unten nach oben um mehr als 10% abnahm.

Bei den Dörrgeräten mit Einschüben erfolgt die Wärmeverteilung oftmals von den Gehäusewänden aus, also horizontal, was zu einer gleichmäßigeren Temperaturverteilung führt. Eine flexible Temperatureinstellung, das Vorhandensein einer Zeitschaltuhr, der Energieverbrauch, die Größe der Dörrfläche, Häufigkeit der Nutzung, die Arbeitsgeräusche des Gerätes, Materialien, Größe, Gewicht, Reinigungskomfort und nicht zuletzt die Kosten für ein solches Gerät sind Kriterien für die Wahl eines Dörrgerätes. Im Internet sind einige Tests zu finden, es gibt in jeder Preisklasse Testsieger, deren Vor- und Nachteile mehr oder weniger ausführlich beschrieben sind.

2 Obst trocknen

Ob im Müsli, als Snack zwischendrin oder als energiereiche, leichte Nahrung bei sportlichen Aktivitäten und Wanderungen: Trockenobst ist bei vielen Menschen beliebt.
Obst enthält – bei niedrigen Temperaturen getrocknet – sehr viele Nährstoffe der frischen Früchte. Die verdauungsfördernden Ballaststoffe sowie Mineralien wie Eisen, Calcium, Kalium und Phosphor bleiben konzentriert erhalten, dazu viele sekundäre Pflanzenstoffe, nur die Vitamine B und C sind vermindert. Durch den Wasserentzug beim Trocknen haben 100 g getrocknete Äpfel einen ähnlich hohen Anteil an Mineralstoffen wie 700 bis 1000 g frische Äpfel!
Obst hat einen Wassergehalt von 75% (Bananen) bis 90% (Erdbeeren). Durch den Wasserentzug beim Trocknen werden aber nicht nur die Mineralstoffe konzentriert, sondern auch der Zuckeranteil bleibt erhalten. So bestehen Trockenfrüchte zu 50 bis 70% aus Fruchtzucker. Die Früchte haben deshalb getrocknet etwa 250-300 kcal/100 g (frisch, je nach Frucht zwischen 30-100 kcal/100 g). Der recht hohe Zuckergehalt wirkt auch konservierend, d.h. er trägt mit zur längeren Haltbarkeit der Trockenfrüchte bei.
Gekauftem Trockenobst sind oftmals Schwefeldioxid oder andere Konservierungsmittel zugesetzt, aus Haltbarkeitsgründen und um die Farbe zu erhalten. Diese Zusätze können bei empfindlichen Menschen gesundheitliche Probleme hervorrufen. Wer Nierenbeschwerden hat, sollte wegen des hohen Kaliumgehaltes generell keine Trockenfrüchte zu sich nehmen, ebenso wer unter einer Fruktoseintoleranz leidet.
Für alle anderen gilt: Trockenfrüchte sind zwar recht kalorienhaltig, aber gesunde und ballaststoffreiche, sehr aromatische Süßigkeiten, die schnell und anhaltend Energie liefern. Da Trockenfrüchte viel Wasser im Darm binden, ist es wichtig, bei häufigem Verzehr die Flüssigkeitsaufnahme nicht zu vernachlässigen.

2.1 Wunderbare Dörrobstfrüchte, selbst getrocknet: aromatisch, süß und sättigend.

Was gilt es beim Trocknen und Dörren von Obst zu beachten?

- Nur vollreife und gesunde Früchte ohne Schadstellen auswählen, unreife Früchte haben wenig Aroma.
- Unbehandeltes Obst mit essbaren Schalen braucht nicht geschält zu werden, die Schalen enthalten viele wertvolle Inhaltsstoffe. Da die Schalen die Wasserverdunstung der Früchte verlangsamen, dauert das Durchtrocknen etwas länger
- Kernobst wie Kirschen, Zwetschgen, Aprikosen, Pfirsiche und Mirabellen vor dem Trocknen entsteinen.
- Früchte möglichst gleichmäßig zerkleinern und einlagig auf den Sieben verteilen. Üblicherweise schrumpfen die Früchte recht schnell, so dass sie nach ein paar Stunden zur gleichmäßigeren Trocknung mit mehr Abstand voneinander auf den Sieben/Blechen/Gittern angeordnet werden können.

2.2 und 2.3: Feine Knabbereien für unterwegs: Durch das Dörren bleibt von 1 kg frischen Äpfeln nur noch ein (Leicht-)Gewicht von etwa 100 g.

- Die Fruchtstücke immer mit der Schnittseite nach oben auflegen, damit so viel Feuchtigkeit wie möglich entweichen kann. Wenn die Stücke halbtrocken sind, auch mal drehen, um zu verhindern, dass sie auf ihrer Unterlage festkleben.
- Trockenobst, das roh verzehrt wird, am besten bei Temperaturen unter 42°C dörren, so bleibt die Rohkostqualität erhalten. Trockenobst, das zum Kochen oder Backen bestimmt ist, kann auch bei 50°- 65°C getrocknet werden, das verkürzt die Trockenzeit. Doch keine Illusionen: Auch bei einer Temperatur zwischen 60 und 65°C sind die Dörrzeiten recht lang. Anhaltswerte zu Trockenzeiten, je nach Art der Trocknung: Apfelschnitze 12 bis 24 Stunden, Apfelringe 8 bis 10 Stunden, Birnenschnitze und Aprikosen 10 bis 15 Stunden. Kirschen brauchen bei einer Dörrtemperatur von 50 bis 60°C zwischen 18 und 24 Stunden und halbierte Zwetschgen bei einer Dörrtemperatur von 45 bis 60°C zwischen 15 und 18 Stunden, bis sie ausreichend getrocknet sind.
  (Quelle: Schweizerische Zentralstelle für Obst- und Kartoffelverwertung: Dörren von Obst, Gemüse und Kräuter. 1. Aufl. Affoltern am Albis, 1989)
- Dörrgerät: Ab und zu die Trockensiebe von oben nach unten tauschen, damit die Früchte gleichmäßig trocknen. Frische Obststücke immer auf die oberen Siebe geben, damit schon Angetrocknetes nicht vermehrt in Kontakt mit deren Feuchtigkeit kommt.
- Stark riechende Kräuter getrennt von Obst trocknen, da sonst ihr Aroma auf die Obststücke übergeht.

Äpfel

Wann ist ein Apfel reif? Reife Äpfel lassen sich durch leichtes Drehen und Anheben vom Ast lösen. Zum Trocknen sind besonders aromatische und säurereiche Sorten wie 'Rubinette', 'Berlepsch', 'Elstar' und 'Boskoop' geeignet. Das Kernhaus entfernen und in 0,5 bis 1 cm dicke Ringe oder Schnitze schneiden. Wer das Braunwerden an den Schnittstellen vermeiden möchte, taucht die Apfelstücke vor dem Trocknen kurz in Salzwasser (10 g Salz auf 1 l Wasser) oder in verdünnten Zitronensaft (1 TL Zitronensaft auf 1 Tasse Wasser). Das Beträufeln mit Zitronensaft gibt den Früchten zudem mehr Aroma und soll die Haltbarkeit etwas verlängern. Beliebt ist auch, die Apfelscheiben vor dem Trocknen mit Zimt zu bestäuben. Die Schalen von biologisch angebauten Äpfeln können durch Trocknen zu einem leckeren, fruchtig-aromatischen Tee aufbereitet werden. Apfelpulver, siehe S. 58, Apfelleder siehe S. 30.

Aprikosen

Aprikosen werden seit alters her getrocknet, der Entzug der Feuchtigkeit braucht allerdings seine Zeit. Die in Stücke geschnittenen Aprikosen werden mit der Schnittseite nach oben zum Trocknen ausgelegt. Sie können vorher kurz in Salzwasser getaucht oder mit verdünntem Zitronensaft beträufelt werden, da sich die Schnitze schnell braun verfärben (was aber den Geschmack nicht beeinträchtigt). Halbierte Aprikosen werden ebenfalls mit der Schnittseite nach oben getrocknet. Um die Trocknungszeit etwas zu verkürzen, empfiehlt es sich, vorher mit dem Finger auf der Schalenseite das Fruchtinnere nach oben zu drücken, das vergrößert die Schnittoberfläche.
Aprikosenleder siehe S. 31

Bananen

Vollausgereifte Bananen aus biologischem Anbau schälen und in dünne Scheiben schneiden. Nach dem Trocknen sind sie eine delikate Süßigkeit. Bananenleder siehe S. 31, Mandel-Bananen-Spekulatius siehe S. 98.

2.5

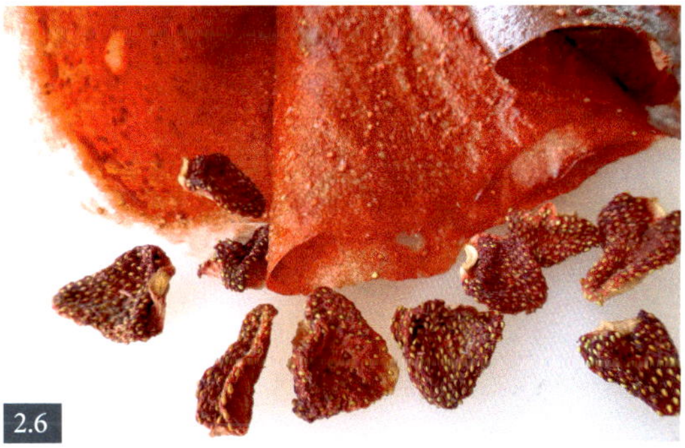
2.6

2.5 und 2.6: Aus Bananen lassen sich nicht nur leckere Chips, sondern auch aromatische Fruchtleder herstellen, ebenso aus Erdbeeren.

Beeren (Brombeeren, Himbeeren, Johannisbeeren)

Wegen ihres hohen Anteils an Kernen, sind Himbeeren, Brombeeren und Johannisbeeren zum Trocknen nicht gut geeignet. Wer es dennoch tun will, z.B. um sie für Früchtetee zu nutzen, sollte sie nicht zerschneiden, sonst ist der Saft- und damit der Aromaverlust groß. Die Blätter von Beeren werden gerne für Blättertee benutzt (siehe S. 77).

2.4 und 2.7: Zärtliche Annäherung zweier Dörrbirnen.

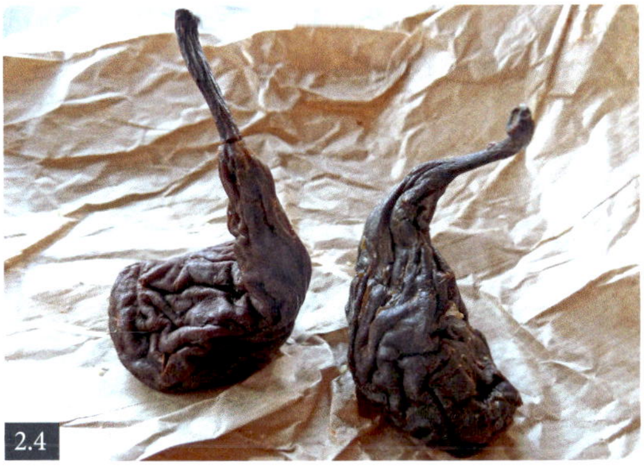
2.4

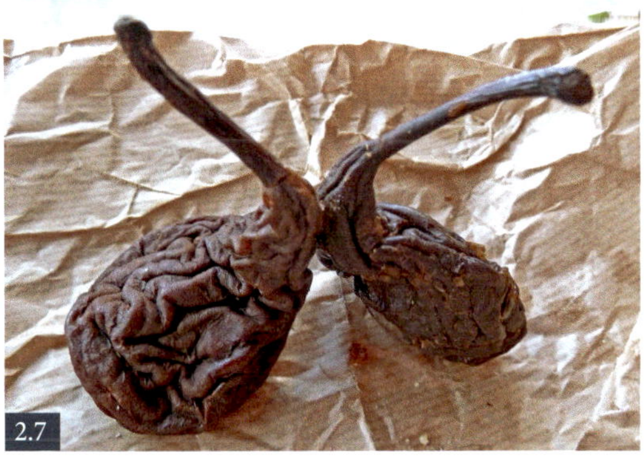
2.7

Birnen

Früher haben unsere Vorfahren ganze, eher überreife und teigige Birnen („Kletzen", „Hutzeln") nach dem Brotbacken oder am Kachelofen gedörrt (siehe Abb. 2.4 und 2.7). Die geschrumpften Birnen wurden für Früchtebrote, Kompott und Fruchtsaucen verwendet und waren fester Bestandteil ihrer Ernährung im Winter. Heute werden vollreife, aber feste und aromatische Birnen gewöhnlich in ½ bis 1 cm dicke Scheiben geschnitten und dann im Dörrgerät oder Backofen bei geringer Temperatur getrocknet. Wen das Braunwerden des hellen Obstes stört, kann sie vorher kurz in Salzwasser legen oder mit verdünntem Zitronensaft beträufeln (siehe unter Äpfel).
Etwa 6 kg Birnen sind nötig, um 1 kg getrocknete Birnenschnitze herzustellen.

2.8 und 2.9: Erdbeeren vor und nach dem Dörren.

Erdbeeren

Getrocknete Erdbeeren sind vielseitig verwendbar, lange, nachdem die Erdbeersaison vorüber ist z.B. im Müsli, im Joghurt oder Fruchtsalat bzw. einfach auch nur so als Snack.
Im Handel sind getrocknete Erdbeeren sehr selten zu finden. Die während der Saison nur kurze Zeit haltbaren Beeren lassen sich zuhause ohne großen Arbeitsaufwand trocknen. Sie werden durch den Wasserentzug geschmacksintensiver als es durch Tiefkühlen der Fall ist. Erdbeeren sind sehr wasserreich, sie bestehen zu 90% aus Wasser, weshalb sie zum Trocknen auch sehr viel Zeit benötigen.
Verarbeitung: Erdbeeren vorsichtig waschen und den Blütenansatz entfernen. Halbieren oder größere Beeren in etwa 3 bis 5 mm dicke Scheiben schneiden und mit der Schnittseite nach oben zum Trocknen auf Backpapier im Dörrapparat/Backofen auslegen. Die Dicke sollte in etwa gleich sein, damit die Trockenzeit nicht unterschiedlich ausfällt. Die getrockneten Früchte sind sehr geschmacksintensiv.
Erdbeerpulver (S. 59) gibt Gerichten eine interessante Färbung.
Erdbeerleder siehe S. 32.

Feigen

Feigen werden seit Urzeiten getrocknet. Dank einigermaßen frostbeständiger Bäume sind auch bei uns inzwischen in geschützen Lagen reiche Ernten möglich. Getrocknete Feigen enthalten etwa 6mal so viel Energie wie frische Feigen und sind eine sehr gute Kaliumquelle. Nur sehr reife Feigen trocknen, d.h. weiche Früchte, die bei leichtem Fingerdruck nachgeben. Die Feigen gründlich waschen, trockentupfen und vom Stamm bis zur Spitze halbieren oder, wenn es schneller gehen soll, in dünne Scheiben schneiden. Beträufeln mit Limettensaft vor dem Trocknen gibt den getrockneten Feigen eine angenehm leichte Säure.

Hagebutten

Hagebutten haben neben anderen wertvollen Inhaltsstoffen sehr viel Vitamin C, ein Vielfaches mehr als Zitronen. Den Stiel entfernen, halbieren und mit Kernen im Dörrgerät schonend dörren,

um das wärmeempfindliche Vitamin C zu erhalten oder ein paar Tage lang bei Raumluft (Früchte oft wenden!) trocknen. Lieber länger trocknen lassen als zu kurz, um spätere Schimmelbildung zu vermeiden.
Eine alte Methode, um bei Hagebutten die lästigen Härchen zu entfernen: Hagebutten halbieren, mit Kernen und Haaren gut antrocknen lassen, dann in ein Säckchen füllen und stark durchschütteln. Dabei lösen sich die meisten Kerne und Haare. Die Hagebuttenhäften nachreinigen und fertigtrocknen. Getrocknete, entkernte und härchenbefreite Hagebutten können, in Wasser eingeweicht, als Kompott verzehrt werden. Hagebuttenpulver, siehe S. 59.
Alternativ können die Kerne und Haare aber auch vor dem Trocknen mit einem Löffelchen aus den halbierten Hagebutten entfernt werden (viel Arbeit!). Aus den Kernen kann „Kernlestee" gekocht werden (siehe S. 76).

Heidelbeeren

Heidelbeeren brauchen etliche Zeit, um zu trocknen. Von reifen, aber noch festen Beeren den Stielansatz entfernen, die Beeren waschen und entweder auf einem Gitter an der Luft mehrere Tage lang trocknen oder im Dörrgerät bei geringer Temperatur. Getrocknet sind sie rosinenähnlich und schmecken auch lecker im Müsli.

Kirschen

Festfleischige, dunkelfarbene Früchte sind am besten geeignet. Waschen, entstielen, entsteinen, halbieren und mit der Schnittseite nach oben trocknen. Sie werden klein und schrumpelig wie Rosinen. Als Snack geeignet oder als Zutat für Kuchen, in Obstsalaten, Müslis und Quarkspeisen.

Kiwis

Kiwis schälen, den Strunk herausschneiden, in ca. 1 cm dicke Scheiben schneiden und etwa 14 Stunden im Dörrgerät nicht über 42°C dörren (zwischendurch wenden).

Mirabellen

Mirabellen sind sehr gut zum Trocknen geeignet, da sie nicht sehr saftig, aber süß und gut steinlösend sind. Halbieren, entsteinen und mit der Schnittseite nach oben trocknen. Sie passen gut in Früchtekuchen, zu Eis, im Müsli und in Aufläufen.

Pflaumen und Zwetschgen

Zwetschgen und Pflaumen eignen sich trotz ihres hohen Wassergehaltes ganz vorzüglich zum Trocknen. Ganze Früchte trocknen sehr langsam, vollreife Früchte mit schon leicht schrumpeliger Haut sind optimal zum Dörren. Früchte halbieren, entkernen und mit der Schnittseite nach oben in das Dörrgerät legen.
Geduld ist angesagt, denn bei 42°C im Dörrgerät getrocknet, dauert die Trocknung reichlich mehr als 20 Stunden (Sonnentrocknung 3-4 Tage). Um die Trockenzeit etwas zu verkürzen, hilft es, die Oberfläche der Zwetschenhälften zu vergrößern, indem durch sanften Druck von unten das Innere der Zwetschgenhälften mehr nach außen geschoben wird.

Pfirsiche

Zum Trocknen empfehlen sich nur sehr aromatische Früchte, die eher mehlig sind, denn Pfirsiche sind sehr wasserreich. Siehe auch Aprikosen.

Rhabarber

ist ein Gemüse und wird deshalb in Kap. 4, Seite 49 ff. behandelt.

2.10
Zwetschgen halbiert; darüber püriert für Fruchtleder.

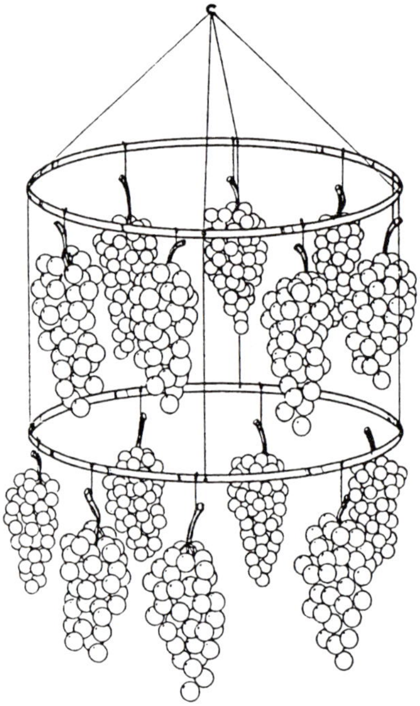

2.11
Trauben trocknen in Mittelmeerländern.
Aus: Terre Vivante Hrsg., Natürlich konservieren. Staufen 2005, ökobuch Verlag

Trockenobst als Medizin

Trockenfrüchte sind fast alle stark basisch, was den Stoffwechsel günstig beeinflusst. Trockenfrüchte haben aufgrund des konzentrierten Ballaststoffanteils eine verdauungsanregende Wirkung.

Nächtlicher Harndrang: Wer vor dem Schlafengehen etwas getrocknetes Obst verzehrt, hat erfahrungsgemäß gute Chancen, nachts nicht zur Toilette gehen zu müssen. Es wird vermutet, dass das Trockenobst dem Körper Wasser entzieht und dadurch die Urinproduktion mindert.

Durchfall: 1 Esslöffel getrocknete Heidelbeeren mit 1/8 bis ¼ l Rotwein gekocht, sind, warm eingenommen, ein sehr wirksames Mittel gegen Durchfall. Trocken verzehrte Dörrbirnen helfen ebenfalls.

Verstopfung: Der Verzehr einiger eingeweichter Backpflaumen oder Feigen hilft, Verstopfung zu beheben.

Weißer Belag auf Trockenobst – Schimmel?

Zeigt sich auf Trockenobst ein weißer Belag, so ist das meist kein Schimmel. Denn getrocknetes Obst verliert während der Lagerung weiterhin Wasser. Dieses enthält Zucker, der an der Oberfläche als weißer Belag auskristallisiert. Bei Feigen und Pflaumen ist das besonders oft der Fall. Ein sehr säuerlicher Geruch deutet aber auf Verderbnis hin, dann sollten die Früchte entsorgt werden.

Stachelbeeren

Stachelbeeren haben nur feine Kerne, deshalb sind aromatische, vollreife und süße Beeren gut zum Trocknen geeignet. Auch hier empfiehlt es sich, die Beeren halbiert mit der Schnittseite nach oben zu dörren.

Weintrauben

Kernlose reife Weintrauben nach dem Abtrocknen des Morgentaus ernten, mit einer Nadel rundherum einstechen und so lange im Dörrgerät oder Backofen trocknen bis sie Rosinenkonsistenz haben. In den Mittelmeerländern gibt es für die Lufttrocknung eine uralte Methode: Die Weintrauben werden als ganze Dolden an der Decke eines nicht zu hellen, ungeheizten oder wenig geheizten Raumes aufgehängt (Abb. 2.11), wobei schadhafte Beeren regelmäßig mit der Schere entfernt werden. Weihnachten gibt's dann die Rosinen, z.B. in Rum (Rezept siehe S. 22)

Zitronen-oder Orangenschalen

Wer häufiger Orangen oder Zitronen entsaftet, kann mit den unbehandelten, getrockneten Schalen Teeaufgüsse verfeinern oder aromatisches Pulver herstellen. Dazu die Schalen mit dem Sparschäler ohne die weißen Teile (bitter!) dünn entfernen und als Spiralen auf dem Heizkörper auf einer wärmebeständigen Unterlage trocknen lassen. Luftdicht verpackt sind die Schalen etwa 3 Monate lang haltbar, am besten erst kurz vor der Verwendung klein schneiden. Sie sind auch zum Aromatisieren von Desserts und Gebäck gut geeignet.
Orangen- und Zitronenpulver siehe S. 59.

Trockenobst in der Küche

- Trockenobst ist ein gesunder, kalorienhaltiger süßer Snack, beliebt auch im Müsli oder in Fruchtschnitten.
- Trockenobst, z.B. Pflaumen, Apfelringen, Birnen, Aprikosen, Pfirsichen usw. kann in den frischobstärmeren Wintermonaten gut als Kompott oder als Beigabe zu Mehl- und Süßspeisen verwendet werden. Anders als bei der Verwendung von Trockengemüse empfiehlt es sich, Trockenobst vor dem Kochen oder Ba cken einzuweichen. Das Trockenobst wird mit Wasser oder Fruchtsaft übergossen und 4 bis 6 Stunden (kleinere Stücke) oder über Nacht (große Stücke) eingeweicht, damit es quellen kann. Die Einweichflüssigkeit mitbenutzen, sie enthält die wasserlöslichen Vitamine.
- Trockenobst wird traditionell für Früchtebrot verwendet. Besonders eignen sich dazu getrocknete Zwetschgen, Birnen und natürlich Rosinen. Früchtebrot kann aber auch mit allen möglichen anderen Trockenfrüchten hergestellt werden.
- Trockenobst, in Fruchtsaft oder Alkohol, z.B. Weißwein oder in Grappa, eingeweicht (Rezept S. 22) schmeckt sehr gut als Beigabe zu trockenem Kuchen, z.B. Panettone oder zu Eiscreme.
- Trockenobst gibt als fruchtige Füllung Gänse- oder Rollbraten aller Art eine besondere Note und eignet sich auch kleingehackt zum Verfeinern von Saucen.
- Trockenobst wird, mit Schokolade überzogen, zum feinen Konfekt (Rezept siehe S. 22).

Abkürzungen:

1 TL = 1 Teelöffel = 15 ml

1 EL = 1 Esslöffel = 3 Teelöffel = 15 ml

Schnelle Marmelade

Trockenfrüchte pürieren und mit der gleichen Menge warmes Wasser verrühren. 5 Minuten ziehen lassen, dann ist die Marmelade streichfähig. Alternativ 100 g Dörrfrüchte mit 250 g frischem Obst pürieren und gegebenenfalls süßen.

2.12
Was wäre Weihnachten ohne Früchtekuchen mit Dörrobst?

Fruchtriegel für unterwegs

250 g Trockenfrüchte
100 g Nüsse
50 g Haferflocken
30 g Sesam
30 g Sonnenblumenkerne
Oblaten
etwas Apfelsaft
Zimt

Trockenfrüchte, z.B. Äpfel, Bananen, Zwetschgen, Aprikosen und Nüsse (Cashews, Haselnüsse, Walnüsse oder Mandeln), mit den Haferflocken, den Sesamkörnern und Sonnenblumenkernen mischen. In der Küchenmaschine mit ein wenig Apfelsaft zerkleinern, bis die Masse formbar und etwas klebrig ist. Bei zu weicher Fruchtmasse etwas mehr von den festen Bestandteilen (Haferflocken, Nüsse, Kerne) zugeben. Oblaten auf einem Blech oder Brett verteilen, Fruchtmasse etwa 1 cm dick aufstreichen, mit Oblaten oben abdecken. Alles mit einem Brett o.ä. beschweren, etwas andrücken und etwa 2 Stunden ruhen lassen.

Feinschmecker-Zwetschgen Kompott

250 g getrocknete Zwetschen
0,1 l Zwetschgenschnaps o.ä
0,2 l gekochter Schwarztee
50 g Honig
2 Zimtstangen
1 TL getrocknete Orangenschale (S. 59)

Alle Zutaten im Topf bei mittlerer Hitze vermengen, zudecken und 20 Minuten simmern lassen. Dann den Deckel entfernen und weiter etwa 20 Minuten köcheln lassen, bis die Zwetschgen sehr weich sind. Mit Vanilleeis und Krokantstreusel servieren.

Schoko-Früchte

Trockenfrüchte
Zartbitter- und Vollmilchkuvertüre

Schokokuvertüre im Wasserbad schmelzen, Trockenobststücke ganz oder teilweise eintauchen und auf einem Gitter oder Backpapier trocknen lassen.
Beschwipste Trockenfrüchte: Die Trockenfrüchte über Nacht in so viel Obstwasser oder Rum einlegen, dass sie sich vollsaugen können. Dann auf ein Gitter legen und einen Tag lang offen trocknen lassen. Wenn ihre Oberfläche gut abgetrocknet ist (in die Kuvertüre darf keine Feuchtigkeit gelangen), in die geschmolzene Vollmilch- oder Zartbittermasse eintauchen. Damit die Kuvertüre keine grauen Schlieren auf dem Trockenobst bildet, sollte die Temperatur des Wasserbades 45°C nicht übersteigen und die Temperatur der Zartbitterkuvertüre nicht über 32°C bzw. die der Vollmilchkuvertüre nicht über 34°C liegen.(Quelle: Staatliche Lehr- und Versuchsanstalt für Wein- und Obstbau, Weinsberg).

Schnelles Backpflaumenkompott

Getrocknete Pflaumen gut mit Wasser bedecken und über Nacht einweichen. Im Einmachwasser mit etwas Zucker und einer Prise Zimt kochen. Schmeckt köstlich z.B. zu Dampfnudeln.

Rum-Rosinen

500 g getrocknete Weintrauben (kernlos)
1 Vanilleschote
2 Gewürznelken
0,7 l Rum (54%)

In 2 sterilisierten Schraubgläsern je 250 Rosinen und 1 Gewürznelke geben. Die Vanilleschote längs aufschlitzen, halbieren und je eine Hälfte in ein Glas füllen. Mit Rum aufgießen, alles muss gut bedeckt sein. Die Gläser schließen und mehr als 4 Wochen lang kühl und dunkel ziehen lassen. Die Rum-Rosinen sind mindestens 1 Jahr haltbar und passen gut zu Eis, in Kuchen und Desserts, aber auch in Ostfriesentee.

Trockenfrüchte in Grappa

500 g Trockenfrüchte
0,2 l Wasser
200 g Zucker
0,25 l Grappa

Wasser und Zucker aufkochen, die Trockenfrüchte hineingeben und 10 Minuten köcheln lassen. Wenn die Trockenfrüchte abgekühlt sind, mit dem Grappa vermischen und etwa einen Tag stehen lassen, dabei öfters umrühren. Trockenfrüchte bis fast zum Rand in Gläser mit Schraubverschluss füllen, mit der Grappaflüssigkeit bedecken und mindestens 3 Wochen ruhen lassen. Hält etwa 1 Jahr. Meist aber nicht, denn die Grappafrüchte schmecken köstlich mit Eis oder trockenem Kuchen.

Rechts: Rohstoff für eine Köstlichkeit: Hier fehlt nur noch der Grappa.

3 Fruchtleder (Obstgummi, Fruchtrollen)

Wie lassen sich schnell verderbliche reife Früchte wie Birnen, Erdbeeren, Pflaumen und Co. lecker und lange haltbar machen? Fruchtleder entsteht, wenn rohe Früchte püriert und getrocknet werden, ist also ein konzentriertes, sehr aromatisches Mus und damit eine gesunde, rein pflanzliche Nascherei und ein guter Ersatz zu den bunten käuflichen Fruchtgummi-Süßigkeiten mit Industriezucker, Farbstoffen und Konservierungsmitteln. Bei der Herstellung des Fruchtleders sind viele Varianten möglich, nicht nur können verschiedene Früchte gemischt werden, sie lassen sich auch mit allerlei Zutaten wie Nüssen, Kernen, Samen anreichern und bestreuen. In kleinere Stücke geschnitten oder aufgerollt (Fruchtschnecken), ist das getrocknete Mus nicht nur bei Kinder beliebt, sondern sorgt auch als Rucksackverpflegung bei Wanderungen für einen schnellen Energieschub. Die süßen Stückchen haben Rohkostqualität, wenn sie bei nicht mehr als 42°C getrocknet werden. Bei dieser niedrigen Temperatur ist die Tro ckenzeit allerdings lang – auch Fruchtleder ist Slow-Food! Der Markt hat die Lücke entdeckt, und so gibt es inzwischen auch kommerziell hergestelltes Fruchtleder zu kaufen, allerdings zu stolzen Preisen. Fruchtleder kann, wenn es die Temperaturen erlauben, luftgetrocknet werden, alternativ im Backofen oder im Dörrgerät. Die Trockenzeit ist nicht nur von der Temperatur beim Trocknen abhängig, sondern u.a. auch von der Feuchtigkeit im Fruchtmus, der Dicke des aufgestrichenen Pürees und natürlich auch von der Art der Trocknung.

Es ist nicht sinnvoll, Obst aus biologischem Anbau mit essbarer Schale vor dem Pürieren zu schälen, da die Schalen ja gewöhnlich viele wertvolle Stoffe enthalten.

Tipps zur Herstellung

- Früchte einer oder mehrerer Arten pürieren und mit oder ohne weitere Zutaten auf mit Antihaftfolie oder Backpapier ausgelegten Sieben oder Gittern so lange im Dörrgerät trocknen (alternativ an der Luft oder im Backofen), bis sich das Fruchtmus an der Ecke anheben und von der Folie/dem Backpapier abziehen lässt. Dann wenden und das Mus ohne Folie/Papier weiter trocknen, bis es nicht mehr klebrig, sondern lederartig ist und bei Fingerdruck keine Feuchtigkeit mehr entweicht.
- Zur Herstellung von Obstleder ist Backpapier oder Dörrfolie nicht nur deshalb wichtig, damit das Fruchtmus nicht durch die Gittersiebe tropft, sondern auch, weil sich das getrocknete Leder recht leicht von der Folie/dem Backpapier ablösen lässt. Netter Nebeneffekt von Backpapier: Es wellt sich während des Trocknens und hinterlässt am fertigen Leder interessante „Adern“ (Abb. 3.1).
- Je mehr Wasser eine Frucht enthält, desto länger ist die Trocknungszeit und desto eher gibt es Risse im Fruchtleder, besonders, wenn das Püree nicht dick genug aufgestrichen wurde (Abb. 3.5).
- Es empfiehlt sich, das Püree etwa 3 bis 5 mm dick aufzustreichen, nicht dicker, das verlängert die Trocknungszeit erheblich. Zu dünn aufge-

3.1: Zwetschgenleder herstellen.

3.2

3.3

3.2: Quittenplätzchen, hell und dunkel.

3.3: Verzierte Fruchtschnüre. Schönes Zitat: „Auf der Zunge tanzen die Geschmacksnerven Tango. Und die Gummibärchen werden blass." (aus „Stern", Ausgabe 18/2012)

3.4: Fruchtleder, auf Backpapier gedörrt, bekommt „Adern".

3.5: Je dünner Fruchtleder ist, desto vorsichtiger sollte es vom Backpapier abgezogen werden, sonst ist Reißen vorprogrammiert.

tragenes Püree wiederum lässt sich oftmals nur mit viel Geschick heil von der Folie abzuziehen.

- Etwa 400 g Fruchtmasse ergibt eine runde Fruchtledermatte mit einem Durchmesser von 33 cm.
- Anhaltspunkt: Im Dörrgerät dauert die Trocknung bei 42°C gewöhnlich zwischen 10 und 15 Stunden. Nach etwa Zweidrittel der Zeit ist das Püree meist so weit getrocknet, dass es sich vorsichtig von der Dörrfolie oder dem Backpapier abziehen und umgedreht mit der feuchteren Seite direkt auf dem Sieb fertig trocknen lässt. Ausreichend getrocknet ist das Fruchtleder, wenn es sich nicht mehr klebrig anfühlt (Fingertest). Auch die Verfärbung kann einen Hinweis auf den Feuchtegehalt geben: Am Rand der Obstmatte ist oft schon nach ein paar Stunden zu erkennen, welche Farbe das Obstleder nach dem Trocknen haben wird.
- Wer Obstleder länger aufbewahren möchte, sollte sicher sein, dass es ausreichend lange getrocknet wurde. Je trockener das Leder ist, desto besser (allerdings wird es dann ziemlich hart). Nicht ganz durchgetrocknet ist es naturgemäß weicher und hat eher die Konsistenz von Weingummi. Zu lange getrocknet, wird das Leder zu hart, evtl. sogar brüchig und lässt sich nicht mehr gut aufrollen.
- Haltbarkeit: Da den Früchten beim Trocknen ein Großteil ihrer Feuchtigkeit entzogen wird und der Zuckeranteil steigt, ist Fruchtleder wie Trockenobst – und das ist es ja – recht lange haltbar, vorausgesetzt, es ist wirklich ausreichend getrocknet. Werden die Fruchtmatten nicht bald verzehrt, empfiehlt es sich, sie am Stück zu lassen und, falls sie auf Backpapier getrocknet wurden, dieses mit dem Fruchtleder aufzurollen (sonst auf Butterbrotpapier legen und einrollen) und in gut schließenden Gläsern oder Kunststoffbehältern aufzubewahren. So kann das Leder nicht miteinander

3.4

3.5

verkleben und später einfach mit der Schere oder auch mit Ausstechformen mundgerecht portioniert werden.

Tipps

- Beim Abschmecken und eventuellen Süßen (siehe S. 36) des Fruchtmuses vor dem Trocknen sollte bedacht werden, dass der Geschmack nach dem Trocknen durch den Wasserentzug viel intensiver ist.
- Vollreife, süße Früchte wie Aprikosen oder Erdbeeren brauchen gewöhnlich nicht noch zusätzlich gesüßt werden, sie enthalten genügend Fruchtzucker. Schmeckt das Fruchtpüree zu sauer, geben reife Bananen dem Obstleder etwas Süße und Geschmeidigkeit. Pürierte Datteln oder Honig als Süßstoff sollten besser nach und nach dazugeben, bis der Geschmack zufriedenstellend ist.
- Mit etwas Leinsamenschrot oder Flohsamenschalen als Bindemittel wird zu flüssiges Fruchtmus fester. Die Samen quellen und nehmen dabei Feuchtigkeit auf, die getrocknete Fruchtmatte wird dadurch sowohl flexibler als auch fester.
  Anhaltswert: Als Bindemittel sind für 400 g Beerenpüree etwa 2 EL Leinsamen, am besten geschrotet (siehe Seite 89/90) oder 1 EL Flohsamenschalen ausreichend. Auch pürierte Banane eignet sich, um zu flüssiges Fruchtmus etwas anzudicken.
- Das Fruchtmus sollte gleichmäßig auf die mit Backpapier oder Dörrfolie ausgelegten Siebe aufgetragen werden. Sonst passiert es leicht, dass die Ränder des Obstleders trocken und die Mitte noch klebrig ist. Es schadet aber nicht, wenn das Fruchtmus außen ein klein wenig dicker aufgetragen wird, da die Ränder schneller trocknen.
- Etwas Zitronen- oder Limettensaft im Fruchtmus sorgt nicht nur für eine frische Geschmackskomponente,

3.6
Erdbeerleder: Gute Grundlage für feine Leckereien.

3.7:
Erdbeer-Dreierlei: Frische Frucht mit Erdbeerleder und Erdbeersauce.

3.8:
Schneller, sättigender Nachtisch: Banane im Erdbeerwrap.

3.9: Was wären Beeren ohne Erdbeereis?

3.10

3.11

sondern verhindert auch bei hellem Fruchtpüree aus Äpfeln, Birnen oder Bananen die Braunfärbung durch Oxidation.

- Die Zugabe von Mandel- oder Sesammus gibt Obstleder eine noch nahrhaftere Komponente, schokoladig wird es mit etwas Kakaopulver oder mit Carob als fettärmere Alternative. Auch ein bißchen Calvados bei Apfelleder, Rotwein bei Beerenleder oder ein Schuss Portwein bei der Herstellung von Birnen-, Feigen oder Pflaumenleder geben dem Fruchtmus eine interessante Note.
- Bei der Zugabe von Gewürzen wie Zimt, Vanille, Lebkuchengewürz etc. auf eine sparsame Dosierung achten. Gewürze wie rote Pfefferkörner etc. können bei süßem Mus ganz erstaunliche Geschmacksnoten bringen (siehe Bananenleder de luxe S. 31). Etwas Chili passt gut zu Bananen, Pfeffer oder Basilikum zu Erdbeeren und Rosmarin zu Aprikosen und Pfirsichen.
- Interessante Geschmacksvarianten ergeben sich auch, wenn dem Obstmus Vollfett-Joghurt (am besten griechischer) beigemischt wird (siehe Rezept S. 32). Magerjoghurt enthält zu viel Wasser. Naturjoghurt plus Früchte (etwas Süße und evtl. Gewürze) = Joghurt-Fruchtgummi.
- Garnitur: Wer will, kann das Mus vor dem Trocknen z.B. mit Chia-, Sesam- oder Leinsamen, mit Sonnenblumenkernen, mit Kokosraspeln oder zerkleinerten Nüssen bestreuen. Nüsse können allerdings die Haltbarkeit der Fruchtleder verringern, da sie leicht ranzig werden.
- In manchen Rezepten ist vorgesehen, dass das rohe Fruchtmus vor dem Trocknen gekocht wird. Einerseits beschleunigt dies den Trocknungsprozess, da Feuchtigkeit schon verdunsten kann, andererseits gehen aber die Rohkostqualität und damit reichlich Vitamine und

3.12

3.13

Enzyme verloren, der fruchtige Geschmack verändert sich ebenfalls.

- Ist das Fruchtpüree getrocknet, wird es mit Messer/Schere/Pizzaroller in Streifen geschnitten und gerollt oder einfach in mundgerechte Scheibchen geschnitten. Wer sich die Mühe machen möchte, kann natürlich auch mit Keksformen Motive aus dem Fruchtleder ausstechen (Abb. 3.18).
- Verfeinern lässt sich das Fruchtleder auch dadurch, dass, mehrere Fruchtlederarten ineinander gerollt und dann in kleine Röllchen geschnitten werden oder indem die Fruchtmatte vor dem Rollen mit einer Füllung bestrichen wird. (Abb. 3.15, 3.16)

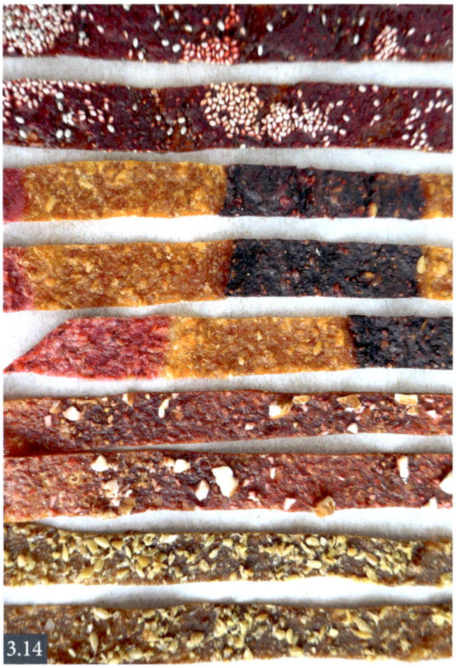

3.14

Bewährte Fruchtmischungen

Äpfel: mit allen anderen Früchten kombinierbar
Aprikosen: mit Äpfeln und Pflaumen
Bananen: mit Äpfeln und Beeren
Beeren: mit Äpfeln kombiniert, wird die Konsistenz fester
Blaubeeren: mit Äpfeln und Pfirsichen
Kirschen: mit Äpfeln, Bananen und Himbeeren
Trauben: mit Äpfeln und Himbeeren
Pfirsich: mit Äpfeln, Blaubeeren, Pflaumen, Himbeeren
Birnen: mit Äpfeln
Pflaumen: mit Äpfeln, Aprikosen, Pfirsichen und Birnen
Himbeeren: mit Äpfeln
Erdbeeren: mit Äpfeln, Bananen und Pfirsichen

3.15

3.16

3.10: Beerenwrap mit Fruchtfüllung.

3.11: Fruchtwrap mit herzhafter Füllung.

3.12: Passt gut zusammen: Ziegenfrischkäse und Fruchtleder.

3.13: Aufbaunahrung für zwischendurch.

3.14: Bunte Fruchtschnüre – der Kreativität sind wenig Grenzen gesetzt.

3.15 und 3.16: Fruchtleder mit süßem Aufstrich bestreichen, aufrollen und in mundgerechte Stücke schneiden.
Aus: Deanna DeLong, How to dry foods, HP Books, Los Angeles.

3.17: Kleine Süßigkeit

3.18: Fruchtleder aus Quitte für Herzensfreundinnen und -freunde.

3.19: Ein nahrhaftes Mitbringsel: Bananenleder gerollt und wie Bonbons eingewickelt.

Fruchtlederrezepte

von A wie Apfel bis Z wie Zwetschgen:

Apfel-Rhabarber

175 g Apfel
175 g Rhabarber
1 kleine Banane (ca. 100 g)
2 EL Leinsamenschrot

Dies ist eine gute Gelegenheit, zu Beginn einer neuen Saison, Lageräpfel zu verwerten.
Apfel und Rhabarber waschen. Apfel in Stücke schneiden und das Kerngehäuse entfernen. Vom Rhabarber die Fäden entfernen, das Fruchtfleisch in kurze Stücke schneiden und blanchieren (siehe S. 49/50). Die Banane schälen und in Stücke schneiden. Alles pürieren und etwa 0,5 cm dick auf ein mit Dörrfolie/ Backpapier ausgelegtes Sieb streichen. Mit dem Leinsamenschrot bestreuen. Ca. 10 Stunden bei 42°C trocknen lassen, nach etwa 7 Stunden vorsichtig von der Folie lösen und umgedreht direkt auf dem Dörrsieb fertig dörren. Ergibt getrocknet ca. 90 g Fruchtleder. Angenehmer, feinwürzig-fruchtiger, nicht übermäßig süßer Geschmack.

Apfel-Erdbeer

350 g Erdbeeren
350 g Apfel ohne Kerngehäuse
1 EL Goldleinsamen

Das Kerngehäuse entfernen und die Äpfel mit Schale kleinschneiden. Zu den gewaschenen und eventuell halbierten Erdbeeren dazugeben und pürieren. Auf ein mit Dörr- oder Backfolie ausgelegtes Sieb streichen, mit den Leinsamen bestreuen und etwa 14 Stunden bei 42°C trocknen lassen. Ergibt ca. 80 g Fruchtmatte. Geschmack süß, knackig.

Apfel-Heidelbeeren

200 g Heidelbeeren
200 g Äpfel, kleingeschnitten
1 TL Honig (alternativ 1 zerkleinerte Dattel)

Alles im Mixer pürieren und dünn auf einem mit Backpapier/Dörrfolie ausgelegten Sieb trocknen, siehe oben.

Aprikosenleder

400 g Aprikosen (Gewicht ohne Kerne)
2 EL Leinsamenschrot
Saft einer halben Zitrone
1 EL Mandelmus

Aprikosen waschen, in Stücke schneiden, Kerne entfernen. Mit den anderen Zutaten im Mixer gut vermischen und auf einem mit Backpapier oder Dörrfolie ausgelegten Sieb bei 42°C etwa 12 Stunden dörren. Nach 8 Stunden dürfte das Leder so fest sein, dass es vorsichtig von der Dörrfolie/dem Backpapier gelöst werden kann, ohne dass es Risse gibt. Umgewendet direkt auf dem Sieb fertigtrocknen. Lecker!

3.20: Von links nach rechts: Erdbeer mit Chiasamen, Rhabarber-Erdbeer mit Mandelsplitter, Erdbeer pur, Apfel-Erdbeer mit geschroteten und (rechts) ganzen Leinsamen.

Bananenleder pur

4-5 Bananen mittlerer Größe
1-2 EL Zitronensaft (optional)

Bananenleder sind besonders bei Kinder beliebt und eine gute Gelegenheit, aus unansehnlich gewordenen, überreifen Bananen leckere Süßigkeiten herzustellen. Ergibt getrocknet ca. 200 g recht süßes Bananenleder. Wer den Geschmack etwas fruchtiger mag und wen die braune Farbe stört, gibt etwas Zitronensaft dazu.
Je nach Dicke des Fruchtmuses ca. 10 - 15 Stunden bei 42°C trocknen.

3.21: Bananenleder plein und de luxe mit Mandelsplittern, Kakao und rotem Pfeffer.

Bananenleder de luxe

300 g Bananen
2 geh. EL Kakaopulver
3 EL Zitronensaft
6 Datteln
1 geh. EL Flohsamenschalen
25 g Mandeln (zum Bestreuen)
Rote Pfefferkörner (optional)

Ergibt 175 g Fruchtmatte mit etwas Schokogeschmack. Auch optisch ein Genuss.
(siehe Abb. 3.21)

3.22: Lecker wie Schokolade! Zutaten für Fruchtleder aus Banane, Mandeln, Datteln, etwas Zitronensaft, reinem Kakaopulver und Flohsamenschalen.

3.23

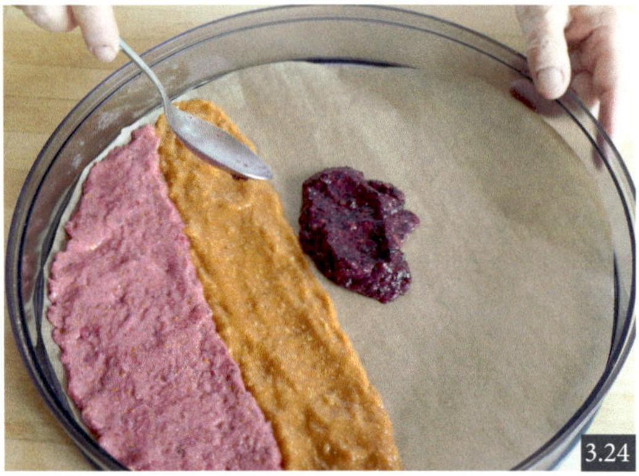

3.24

3.25

3.26

Erdbeerleder pur

400 g Erdbeeren
1 EL Chiasamen

Erdbeeren bestehen zu etwa 90% aus Wasser. Sie haben deshalb eine lange Trocknungszeit. Püriert sind Erdbeeren eine ziemlich flüssige Angelegenheit, es empfiehlt sich, die Masse von der Mitte aus auf die Dörrfolie bzw. das Backpapier zu gießen, um die Flüssigkeit besser begrenzen zu können. Die Trockenzeit reiner Erdbeermatten bei 42°C ist lang, etwa 20 Stunden. Belohnt wird man mit einem wunderbar geschmacksintensiven Erdbeerleder, das durch die vor dem Trocknen aufgestreuten Chiasamen schön knackig ist.
Ergibt ca. 50 g Fruchtleder.

Erdbeer-Joghurt-Leder

300 g Erdbeeren
2 EL Vollmilchjoghurt
4 Datteln
1 EL Flohsamenschalen
1 EL Zitrone

Erdbeeren waschen, entstielen und halbieren bzw. TK-Erdbeeren im Sieb auftauen, den Saft anderweitig verwenden. Zusammen mit den anderen Zutaten im Mixer pürieren und bei 42°C etwa 16 Stunden trocknen. Das Leder ist durch den Joghurt nicht sehr lange haltbar, sollte am besten innerhalb einiger Tage verzehrt werden, was bei dem sehr geschmacksintensiven Aroma kein Problem sein dürfte.
Ergibt getrocknet etwa 70 g Fruchtleder.

Erdbeer-Bananen-Leder

300 g Erdbeeren
1 Banane (etwa 100 g)
1 TL Zitronensaft
1 gehäufter EL Flohsamenschalen

Erdbeeren halbieren, Banane in Stücke schneiden und zusammen mit den Flohsamenschalen und dem Zitronensaft pürieren. Die Zugabe von Flohsamen bewirkt, dass das Leder etwas fester wird, der Zitronensaft gibt ihm eine ganz leicht säuerliche Note. Die angegebenen Mengen sind ausreichend für ein Sieb mit 33 cm Durchmesser.

Erdbeer-Rhabarber-Leder

500 g Erdbeeren
500 g Rhabarber, geschält und kleingeschnitten
3 EL Honig

Die Rhabarberstücke in einer Schüssel mit kochendem Wasser übergießen und ein paar Minuten ziehen lassen (siehe S. 49/50), um die Oxalsäure zu verringern. Die Flüssigkeit abgießen und die Rhabarberstücke zusammen mit den Erdbeeren und dem Honig pürieren und auf 2 bis 3 mit Antihaftfolie oder Backpapier ausgelegte Siebe oder Gitter verteilen. Etwa 13- 15 Stunden bei 42°C trocknen. Nach etwa 9 Stunden vorsichtig von der Folie/dem Papier abziehen, wenden und weitertrocknen lassen. Aufrollen und mit der Schere in mundgerechte Stücke schneiden. Durch den Rhabarber hat das Erdbeerleder eine süßsaure, feinwürzige Komponente.

Erdbeer-Rhabarber-Aprikose

200 g Rhabarber
300 g Erdbeeren
2 geh. El Leinsamenschrot
150 g Aprikose (Gewicht ohne Kerne)
1 EL Mandel, gehackt

Alle Früchte waschen. Vom Rhabarber die Fäden abziehen, das Fruchtfleisch in Stücke schneiden, mit kochendem Wasser überbrühen und ca. 10 Min. ziehen lassen, um Oxalsäure (siehe S. 49/50) zu entfernen. Aprikosen aufschneiden und den Kern entfernen. Alle Früchte pürieren und den Leinsamenschrot untermischen. Auf Dörrfolie/Backpapier streichen, mit den gehackten Mandeln bestreuen und insgesamt ca. 15 Stunden bei 42°C trocknen lassen. Nach etwa 10 Stunden das Fruchtleder vorsichtig von der Dörrfolie/dem Backpapier abziehen und gewendet fertig trocknen. Ergibt ca. 100 g Fruchtleder. Geschmack herb-fruchtig und durch die Nuss-Streusel etwas knackig.

Himbeeren

400 g Himbeeren
1 EL Zitronensaft
1 EL Honig

Basisrezept, ergibt ein sehr geschmacksintensives, schönfarbenes Fruchtleder. Viele Zutaten sind denkbar, Dattelstückchen (statt Honig), Mandelpüree, Banane, Leinsamenschrot, als Gewürz Vanille .... Wer im Fruchtgummi nicht so viele Körnchen (Fruchtsamen) haben möchte, kann die Himbeeren durch ein Sieb streichen. Die Körnchen stören aber eigentlich nicht, sie knacken nach dem Dörren knusprig auf. Die angegebenen Zutaten reichen für etwa 45 g Fruchtleder.

Kiwis

300 g geschälte Kiwis (etwa 4 Stück)
100 g geschälte Banane
1 Messerspitze Zimt
1 EL Honig

Alle Zutaten im Mixer pürieren und dünn auf ein mit Backpapier/Antihaftfolie ausgelegtes Dörrsieb verstreichen. Bei 42°C so lange trocknen, bis sich nach ca. 10 Stunden die Platte vorsichtig von der Folie/dem Backpapier abziehen lässt. Drehen und ca. 4 Stunden weitertrocknen. Ergibt etwa 85 g relativ süßes, angenehm fruchtiges Leder mit einem leicht zimtigen, weichen Aroma.

Quitten

Aus gekochten und zermusten Quittenfrüchten lässt sich ein feines Konfekt herstellen, das in spanisch sprachigen Ländern als „dulce de membrillo" bezeichnet und dort gerne auch zu kräftigem Hartkäse (traditionell zu Manchego, einem Schafskäse) serviert wird. Es gibt Quitten in apfelähnlicher Form (Apfelquitten) und solche, die Birnen ähneln (Birnenquitten). Apfelquitten sind härter, aber auch aromatischer, deshalb sind sie für Quittenleder sehr gut geeignet.

3.23: Gute Früchte für aromatisches, mehrfarbiges Fruchtleder.

3.24: Fruchtleder quattro stagioni auftragen..

3.25: Fruchtleder quattro stagioni: von oben:
Mus aus Aprikosen, Heidelbeeren, Bananen und Johannisbeeren.

3.26: Aprikosenmus mit Punkten und Streifen aus pürierten Heidelbeeren.

Quittenleder

1 kg Quitten
300 g Zucker
0,1 l Apfelsaft,
Saft einer Zitrone
½ TL Zimt

Quitten waschen, mit einem Tuch abreiben, um den grauen Flaum zu entfernen, vierteln und kleinschneiden. Mit dem Apfelsaft, der Hälfte des Zitronensaftes und wenig Wasser zum Kochen bringen, Hitze reduzieren und in etwa 30 Minuten zugedeckt weich dünsten (häufiger umrühren). Das dicke Fruchtmus pürieren oder durch ein Sieb streichen. Das Püree mit Zucker und Zimt aufkochen und so lange köcheln lassen, bis der Zucker vollständig gelöst und eine dickliche Masse entstanden ist. Dabei ab und zu umrühren, damit das Mus nicht anbrennt. Für ein frischeres Aroma nun die andere Hälfte des Zitronensaftes zugeben. Dünn (ca. 5 mm) auf ein mit Backpapier ausgelegtes Blech streichen und in der Nähe eines Ofens 2 Tage trocknen lassen. Dann umdrehen und weitere ein bis zwei Tage trocknen lassen. Alternativ in einer maximal 2 cm dicken Schicht im Dörrgerät oder Backofen trocknen. Das dann noch immer etwas klebrige Quittenleder luftdicht in einer Blechdose zwischen Backpapier aufbewahren und bei Bedarf in kleine Vierecke oder Rauten schneiden und je nach Vorliebe mit Mandelmehl, Kokosflocken oder Puderzucker bestreuen oder in Schokoglasur tunken.

Beliebte Variationen für das Mus: Eine aufgeschnittene Vanilleschote mitkochen, die Zugabe von etwas Rotwein oder einer Prise Chili.

Zwetschgenleder für Puristen

500 g Zwetschgen
2 TL Zitronensaft

Zwetschgen waschen, halbieren, Kerne entfernen und mit dem Zitronensaft pürieren. Der Fruchtbrei ist sehr flüssig, deshalb unbedingt von der Mitte aus gleichmäßig auf das mit Antihaftfolie/Backpapier belegte Dörrsieb streichen.
Ergibt etwa 90 g Fruchtleder.

Feinschmecker-Zwetschgenleder

500 g Zwetschgen
4 EL Amaretto-Likör
1 EL Flohsamen

Zwetschgen waschen, halbieren, Kerne entfernen und mit Likör und Flohsamenschalen pürieren. Nicht mehr als 1 cm hoch auf ein mit Backpapier/Antihaftfolie ausgelegtes Dörrsieb streichen und bei 42 °C so lange trocknen, bis sich nach etwa 10 Stunden die Platte vorsichtig von der Folie abziehen lässt, drehen und ca. 4 Stunden weitertrocknen. Ergibt etwa 95 g Fruchtleder.

3.27: Aus Quitten lässt sich ein schmackhaftes Fruchtleder herstellen.

3.28: Quittenkonfekt.

Dunkles Zwetschenleder

500 g Zwetschgen
1 geh. EL Flohsamenschalen
3 Datteln
1 geh. EL Kakaopulver
1 TL Zitronensaft

Zwetschgen waschen, halbieren, Kerne entfernen, Datteln zerkleinern und alle Zutaten im Mixer pürieren. Nicht mehr als 1 cm hoch auf ein mit Backpapier/Antihaftfolie ausgelegtes Dörrsieb streichen und bei 42 °C so lange trocknen, bis sich nach ca. 10 Stunden das Leder vorsichtig von der Folie abziehen lässt. Die Fruchtmatte drehen und ca. 4 Stunden weitertrocknen.
Ergibt rund 100 g Fruchtleder.

Zwetschgen-Apfelleder

350 g Zwetschgen
150 g Apfelstücke
1 EL Flohsamenschalen
1 EL Honig
2 TL Zitronensaft

Zwetschgen waschen, halbieren, Kerne entfernen, mit den Apfelstücken und den anderen Zutaten im Mixer pürieren. Nicht mehr als 1 cm hoch auf ein mit Backpapier/Antihaftfolie ausgelegtes Dörrsieb geben und bei 42°C so lange trocknen, bis sich nach etwa 10 Stunden das Leder vorsichtig von der Folie abziehen lässt. Drehen und ca. 4 Stunden weitertrocknen.
Die Menge ergibt etwa 95 g Fruchtleder.

Buntes Fruchtleder

Wer Spaß am Dekorieren oder jeweils nur kleine Mengen an Obst und Beeren zur Hand hat, kann optisch ansprechendes Fruchtleder aus verschieden farbigen Früchten zubereiten und z.B. Punkte oder Streifen (Abb. 3.26) einarbeiten. Um das Fruchtleder streifig zu bekommen, wird Fruchtpüree je einer Farbe dünn als breiter Streifen nacheinander auf Backpapier aufgestrichen. Darauf achten, dass das Püree an den Übergängen nicht zu wulstig wird. Für Punkte, farbig abgesetzte Muster und Ornamente ist eine Dekorierflasche bzw. Garnierspritze hilfreich.
Fruchtfarben für kreative Farbkombinationen:
Blau: Blaubeeren
Beige: Banane, Apfel, Birne, Pfirsich (bei beiden etwas Zitrone in den Mus geben, um Braunfärbung zu vermeiden)
Braun: Feigen, Banane (ohne Zitrone)
Rot- und Lilatöne: Himbeeren, Erdbeeren, Johannisbeeren, Brombeeren, Kirschen, Pflaumen
Grün: Kiwis

Obst und Gemüse mischen

Wer gerne experimentiert, kann Obst und Gemüse einfach mal mischen und so interessante Geschmacksvariationen schaffen. Spinat, Karotten, Tomaten oder Süßkartoffeln bieten sich an, unter das Obst gemischt zu werden und geben Äpfeln und Bananen ein interessantes Aroma.

Fruchtleder: Snacks und Wraps

Fruchtleder sind nicht nur als energiereiche Leckerei beliebt, sondern es lassen sich auch Crêpes, Wraps und Waffeln herstellen, die aromatisch interessant mit süßen oder herzhaften Füllungen kombiniert werden können:

- Fruchtleder zu Tüten formen und mit einer Banane oder anderen Früchten füllen, mit Obstsalat, Fruchteis, Fruchtsaucen oder einer selbstgemachten Füllung (Abb. 3.10, 3.11, 3.15, 3.16) z.B. aus Mandelmuscreme und Dattelstückchen oder Rosinen.
- Fruchtleder mit süßer Creme bestreichen und aufrollen.
- Fruchtleder wie Strudel mit kleingeschnittenem Obst und Nüssen füllen.
- Für herzhafte Füllungen, z.B. mit Hartkäse, aber auch mit Ziegen- und Schafsfrischkäse gibt es viel Spielraum. Einfach mal Salat in ein Erdbeerwrap füllen oder auch Avocadomus, Kichererbsenpaste (Hummus) und was sonst noch gefällt.

Exkurs: Über das Süßen

Der weiße Haushaltszucker wird aus heimischen Zuckerrüben gewonnen und ist stark verarbeitet, wodurch er all seine Nährstoffe verliert. Danach hat er nur noch „leere“ Kalorien (400 kcal/100 g), d.h. keinerlei Vitamine und Mineralstoffe mehr. Er kann dickmachen, müde und depressiv, Löcher in den Zähnen verursachen und vielerlei ernsthafte Krankheiten hervorrufen. Der braune, teilraffinierte Roh-Rohrzucker, hergestellt aus Zuckerrohr und geschätzt wegen seines karamellartigen Geschmacks, ist auch nicht gesünder.

Da heute in mehr käuflichen Lebensmitteln Zucker enthalten ist, als wir vermuten, und wir sowieso in der Regel zu viel Haushaltszucker täglich zu uns nehmen, macht es Sinn, zumindest bei den selbst hergestellten Lebensmitteln eher naturbelassene Süße zu verwenden und diese so sparsam wie möglich einzusetzen. Wie immer macht die Dosis das Gift, denn auch ein Übermaß an naturbelassener Süße ist nicht gesundheitsfördernd, auch wenn manche davon den Blutzuckerspiegel nicht so rasch in die Höhe treiben wie der Haushaltszucker. Der glykämische Index (GI) gibt an, wie schnell Lebensmittel den Blutzuckerspiegel ansteigen lassen; je höher der Wert ist, desto rascher steigt er an.

Früchte als Süßungsmittel: Früchte mit ihrem natürlichen Zuckeranteil enthalten immer auch Vitamine, Mineral- und Ballaststoffe. An erster Stelle dienen zum Süßen sehr reife Bananen, Trockenfrüchte wie Rosinen (S. 20), Pflaumen (S. 19), Datteln und Feigen. Manchmal ist auch die Süße von Äpfeln ausreichend. Auch Fruchtpulver (siehe S. 58 ff.) kann manchen Speisen eine sehr aromareiche Süße verleihen. Getrocknete Datteln, oftmals als „Brot der Wüste“ bezeichnet, sind im Geschmack intensiv süß. In vielen arabischen Ländern gelten sie als Grundnahrungsmittel, da sie viele Vitamine, Mineralstoffe und Spurenelemente enthalten. Vorzugsweise sollten getrocknete Datteln in Bioqualität verwendet werden.

Honig, das Bienenprodukt hat zwar einen ähnlich hohen Gehalt an Glucose und Fructose wie Industriezucker, enthält aber auch viele Mineralstoffe und Spurenelemente sowie Blütenpollen und Enzyme. Die meisten Menschen finden den Geschmack von Honig angenehm. Am besten wird kaltgeschleuderter Bio-Honig verwendet. Da Honig regional von Imkern erhältlich ist und zudem auch geschmacklich Vorteile hat, ist er eine gute, allerdings nicht vegane Alternative zu Haushaltszucker.

3.29: Süßungsmittel: Datteln, Honig, Banane, Rosinen, Kokosblütenzucker, Stevia und Dörrpflaumen.

Ahornsirup wird aus dem eingekochten und eingedickten Saft nordamerikanischer und kanadischer Ahornbäume hergestellt. Er hat einen gerade noch niedrigen glykämischen Index (55 GI) und enthält etwa gleiche Mengen an Fructose und Glucose (jeweils ca. 40%). Seine Süßkraft ist etwas geringer als die von Haushaltszucker. Ahornsirup hat einen recht starken Karamellgeschmack.

Agavensirup wird aus einer kakteenartigen Pflanze gewonnen und hat einen hohen Anteil an Fructose, aber wenig Glucose (10%). Der glykämische Index ist niedrig. Anders als Ahornsirup oder Dicksäfte aus Äpfeln und Birnen hat er wenig Eigengeschmack, aber sehr viel mehr Süße als Haushaltszucker. Sein hoher Anteil an Fructose (90%) ist allerdings nicht gerade leberfreundlich.

Kokosblütenzucker, inzwischen in allen größeren Supermärkten erhältlich, ähnelt in seiner Konsistenz unserem braunen Zucker. Er wird aus dem Nektar der Kokospalme hergestellt. Beim Kauf sollte darauf geachtet werden, dass er aus nachhaltiger und ökologischer Produktion stammt und nicht mit anderen Zuckern gestreckt ist. Kokosblütenzucker hat einen niedrigen glykämischen Wert (GI 35), ist nährstoffreich und hat einen sehr geringen Fructoseanteil, so dass er die Bauchspeicheldrüse nicht belastet. Er schmeckt übrigens nicht nach Kokos, sondern hat einen eher erdigen, etwas karamellartigen Geschmack und kann 1:1 wie brauner Zucker verwendet werden.

Obst-Dicksäfte werden meist aus zu Saft gepressten und eingedampften Äpfeln und Birnen, manchmal auch Trauben hergestellt. Dicksäfte, gewöhnlich pasteurisiert, sind zwar weniger stark verarbeitet als Haushaltszucker, so dass viele Vitalstoffe bei der Verarbeitung zum dickflüssigen Sirup erhalten bleiben. Dicksäfte haben aber einen hohen Anteil an Fruchtzucker, der bei übermäßigem Verzehr leberbelastend ist. Durch das jeweilige Fruchtaroma haben sie einen ausgeprägten Eigengeschmack.

Stevia, das traditionelle Süßkraut aus Südamerika (*Stevia rebaudiana*), auch Honigkraut genannt, ist im Supermarkt in Form von Pulver, Dragees oder Tabs erhältlich. Stevia ist etwa 300 mal so süß wie die gleiche Menge Zucker. Als Zuckeralternative ist das aufwendig chemisch verarbeitete Süßungsmittel für getrocknete Lebensmittel eher bedingt zu empfehlen, denn nur recht teure Produkte haben nicht den lakritzartigen, bitteren Beigeschmack.
Inzwischen gibt es auch bei uns im Frühjahr für wenig Geld Steviapflanzen zu kaufen. Sie entwickeln sich im Garten oder auf dem Balkon in kurzer Zeit zu einem niedrigen Busch mit weißer Blüte (Mai bis September) und grünen Blättern. Die können im Herbst geerntet, getrocknet und gemahlen werden. Die getrockneten Stevia-Blätter enthalten viele Vitalstoffe und haben keine gesundheitlichen Nachteile bezüglich des Blutzuckerspiegels (glykämischer Index: 0) und belasten auch die Leber nicht, da sie keine Fructose enthalten. Das grüne Pulver hat anfangs einen etwas gewöhnungsbedürftigen Geschmack und süßt etwa 15 bis 30 mal stärker als Industriezucker.

3.30: Steviapflanzen wachsen auch bei uns. Getrocknete Steviablätter sind wertvoller Bestandteil in der indianischen Heilkunst, da sie Vitamin C, viele Spurenelemente und sekundäre Pfanzenstoffe enthalten.

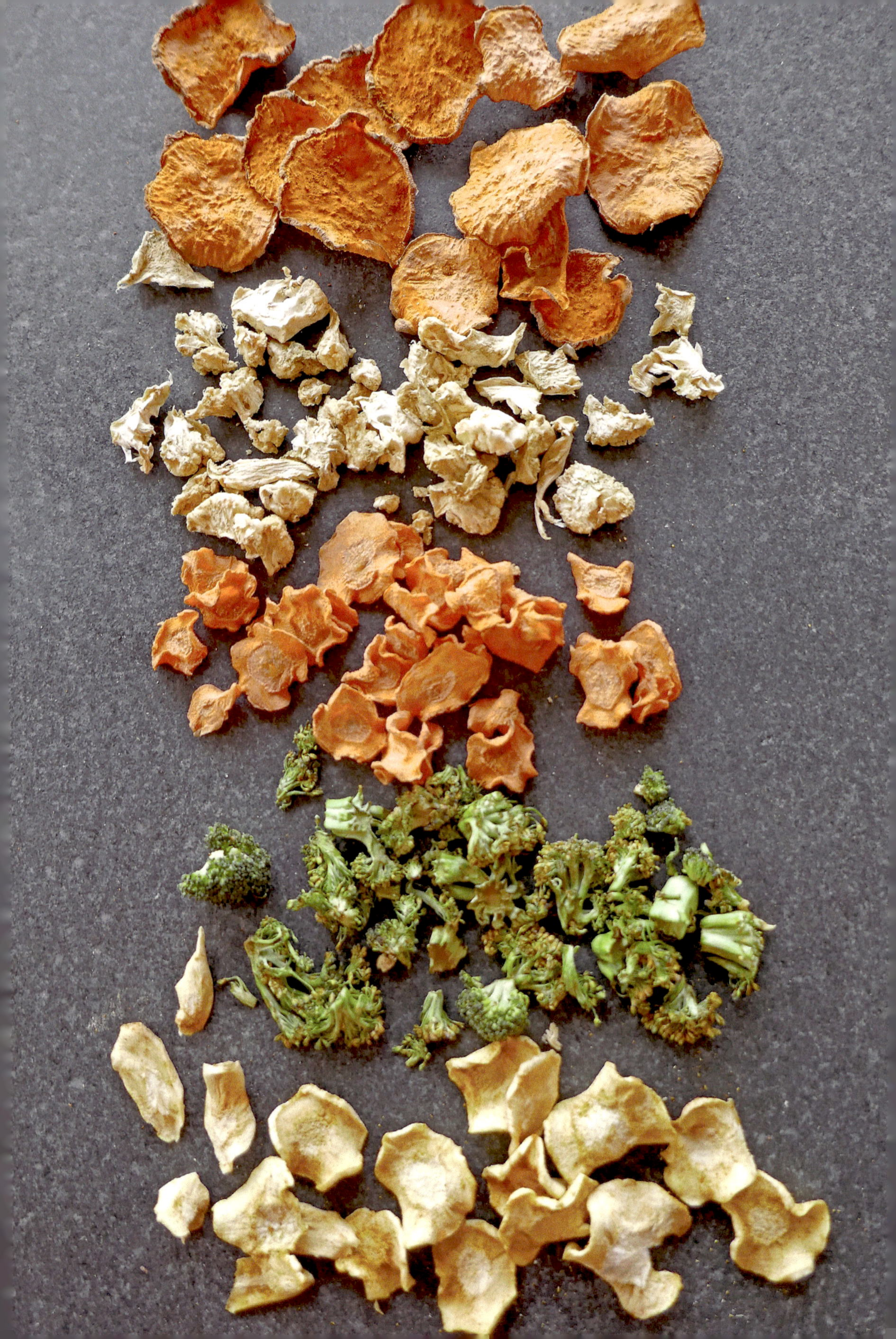

4 Gemüse von A bis Z

Wohin mit der üppigen Gemüseernte aus dem Garten? Die meisten Gemüse können gut getrocknet werden und bereichern in dieser Form auf unkomplizierte Weise Suppen, Saucen, Brotaufstriche, Eintopfgerichte und Aufläufe. Pulverisiert sind einige auch ein wunderbares Würzmittel, das schnell bei der Hand ist, Flüssigkeiten sämiger werden lässt und dabei erstaunliche Aromen schafft. Ein weiterer Vorteil von Trockengemüse besteht darin, dass das Gemüse vor der Zubereitung von Mahlzeiten nicht erst geputzt werden muss und die benötigte Menge einfach zu portionieren ist. Sommergemüse wie Tomaten, Zucchini, Paprika, Auberginen nehmen getrocknet wenig Platz im Vorratsschrank ein (aus 1 kg tafelfertigem Gemüse wird wenig mehr als 100 g Trockengemüse). Lagerfähige Gemüse wie Karotten, Kohl, Rote Bete, Speiserüben etc. werden gewöhnlich nicht in größeren Mengen getrocknet, sondern eher zur Herstellung für Chips (siehe S. 65 ff) verwendet oder sind Bestandteil von gedörrtem Suppengemüse (S. 43).

Blanchieren: Gemüse, das länger als 6 Monate aufbewahrt werden soll, wird am besten vor dem Trocknen blanchiert. Durch das Blanchieren behält das Gemüse beim Dörren nicht nur eher seine Farbe, es erreicht beim Zubereiten wieder eine ähnliche Konsistenz wie im frischen Zustand und der Geschmack bleibt intensiver. Außerdem verlängert Blanchieren die Haltbarkeit von Trockengemüse.

Wie wird blanchiert? Wasser aufkochen, am besten auch 2 Kaffeelöffel Salz pro Liter zugeben und das Gemüse für 2 - 4 Minuten in das sprudelnd kochende Salzwasser geben, mit der Siebkelle entnehmen und dann sofort mit kaltem Wasser ebenso lang abschrecken, um den Kochprozess zu beenden.

Gemüse wird gewöhnlich bei höheren Temperaturen als Obst getrocknet, da es in der Regel gekocht wird; Rohkostqualität bringt hier keine Vorteile (außer bei der Herstellung von Gemüsechips, siehe S. 65 ff). Es sollte nicht zu lange gedörrt werden, denn unter ca. 10% Feuchtigkeit verändert sich die Zellstruktur, das Gemüse bleibt dann auch nach dem Kochen hart und ist im Vergleich zu Frischgemüse weniger aromatisch.

- ***So wird's gemacht:*** Frisches und junges Gemüse putzen, waschen, zerkleinern, blanchieren, auf einem sauberen Tuch abtrocknen und bei ca. 50 bis 60°C so lange trocknen, bis das Dörrgut zäh und biegsam, aber nicht hart und brüchig ist. Wer Wert auf Rohkostqualität legt und das Gemüse roh genießen möchte, sollte es unblanchiert bei maximal 42°C trocknen, was die Trockenzeit natürlich entsprechend verlängert. Je kürzer die Zeit zwischen Ernte und Verarbeitung ist, desto besser.
- ***Aufbewahrung***: Gemüse ist aufgrund seines im Vergleich zu Obst geringeren Säuregehaltes für Schimmel anfälliger, weshalb die gelagerten Gemüse in den ersten Wochen ab und zu auf Schimmelbefall untersucht werden sollten. Unangenehm riechendes Trockengemüse auch ohne sichtbaren Schimmelbefall nicht mehr verwenden! Ein einziges schimmliges Gemüsestückchen kann den gesamten Inhalt einer Vorratspackung unbrauchbar machen, deshalb am besten nur jeweils kleine Mengen portionieren. Dunkel und kühl aufbewahrt in sauberen, dicht schließenden Gläsern oder Kunststoffbehältern bzw. -tüten, die zum Tieffrieren geeignet sind, sind Trockengemüse bis zur folgenden Ernte haltbar.

4.1: Pastinaken, Karotten, Brokkoli – auch Gemüse schrumpft beim Dörren erheblich.

Auberginen

Da Auberginen wenig Wasser enthalten, trocknet das Fruchtfleisch verhältnismäßig schnell, wenn es in bleistiftdicke Scheiben, Würfel oder Stäbchen geschnitten wird. Das Fruchtfleisch kann auch pulverisiert in Suppen verwendet werden. Der Geschmack ist nicht sehr ausgeprägt. Blanchieren ist nicht unbedingt nötigt. Bei der Autorin ergaben 250 g Auberginen, 18 Stunden bei 50°C getrocknet, 23 g Trockengemüse. Unreife Auberginen enthalten das Alkoloid Solanin, einen Bitterstoff zur Abwehr von Schädlingen und Fraßfeinden, der auch für Menschen nicht zuträglich ist. Daher sollten nur reife, tiefviolette Auberginen gedörrt werden.

Blumenkohl

Den Kopf in kleine Röschen zerteilen, die zarten Teile des Strunks können kleingeschnitten oder grob geraspelt, ebenfalls getrocknet werden. Vor dem Trocknen blanchieren. Während des Trocknens wird der Blumenkohl graubraun und etwas unansehnlich, beim Kochen in Wasser oder Brühe wird er aber wieder weiß. Püriert getrocknet (verkürzte Trockenzeit) ist Blumenkohl eine gute Zutat für Suppen und Eintöpfe. Die Blumenkohlblätter können ebenfalls verwendet werden, kurz blanchieren und separat trocknen.
Blumenkohlchips siehe S. 72.

4.2

4.2 bis 4.4: Blumenkohl, Bohnen und Brokkoli.

Bohnen

Nur junge Bohnen verwenden und vor dem Trocknen 2 Minuten blanchieren. Traditionell wurden sie mit einer Stopfnadel auf dünne Schnüre aufgezogen und an der Luft in der Nähe eines Ofens einige Tage lang gedörrt. Sie können aber natürlich auch im Dörrgerät/Backofen konserviert werden. Verkürzen lässt sich die Trockenzeit, wenn sie nicht im Ganzen, sondern der Länge nach und dann noch schräg aufgeschnitten werden. Grüne Bohnen dürfen nur gekocht verzehrt werden, sie enthalten das für Menschen giftige Eiweiß Phasin, das erst nach 15 minütiger Kochzeit denaturiert und für den Menschen unschädlich wird.

Brokkoli

Siehe Blumenkohl. Brokkolichips siehe S. 73.

Erbsen

Anders als Mark- und Zuckererbsen sind Schalerbsen gut zum Trocknen geeignet. Üblicherweise lässt man die Hülsen mit den Samenkörnern voll ausreifen, wenn die Blätter gelb sind, wird die ganze Pflanze zum Trocknen aufgehängt. Auch

4.3

4.4

4.5: Wird seit 1889 hergestellt: Gepresste Fertigsuppe aus Erbsmehl, u.a. mit Speck und Geschmacksverstärkern.

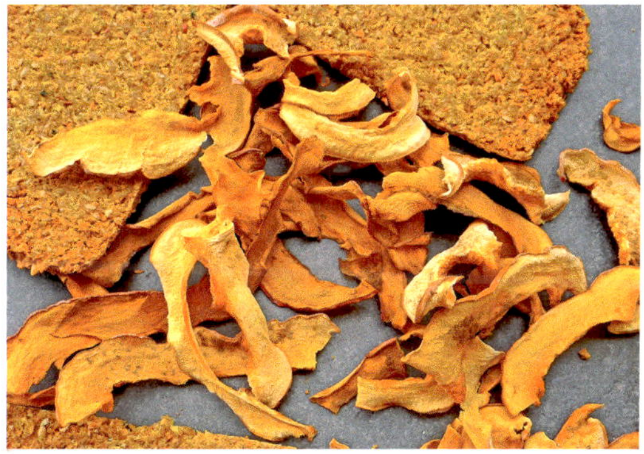

4.6: Getrocknete Kürbisschnitze und Kürbisdörrbrot.

heute noch ist das früher sehr beliebte Suppenprodukt „Erbswurst "in Form gepresster Tabs im Supermarkt erhältlich, eines der frühesten industriell hergestellten Fertiggerichte, bestehend aus Erbsmehl und anderen Zutaten (Abb. 4.5).

Gemüseblätter

z.B. Spinat, Melde, Mangoldblätter, aber auch Blätter von Wildgemüsen wie Brennnesselspitzen, Wegerich und Gänsefuß können nicht nur Wintersuppen bereichern, sondern geben auch Saucen und Aufläufen mehr Substanz. Nur zarte Blätter verwenden. Nicht blanchieren, da die Blätter sonst matschig werden! Die sauberen Blätter (dicke Mittelrippen entfernen und getrennt trocknen) in 2-3 cm breite Streifen schneiden, um den Wasserentzug zu beschleunigen und bei etwa 40°C dörren. So lange trocknen, bis sie rascheln und sich leicht zerbrechen lassen. Dunkel und kühl aufbewahren.
Spinatchips siehe S. 67.

4.7: Karotten.

Gurken

380 g frische Landgurkenscheiben hatten bei der Autorin nach dem Dörren (ca. 20 Stunden bei 50°C) ein Gewicht von 16 g.
Gurkenchips siehe S. 70.

Karotten *(Möhren, Gelbe Rübe)*

Karotten nicht blanchieren. Für Trockengemüse in Scheiben oder Streifen schneiden bzw. grob raspeln, bei nicht mehr als 50°C trocknen. Bei der Autorin ergaben 200 g Karotten, gestiftelt, nach einer Dörrzeit von etwa 20 Stunden bei 50°C knapp 25 g Trockengemüse. Tröstlich, dass die Dörrkarottenscheiben in Wasser/Brühe wieder stark aufquellen.

Kohl

Grünkohlchips siehe S. 67,
Wirsingchips siehe S. 67.

Kohlrabi

Blattansatz und Schale entfernen, in Scheiben oder fingerdicke Stücke schneiden bzw. grob raspeln und für Trockengemüse bei 50 bis 60°C dörren. Vor dem Trocknen blanchieren.
Kohlrabichips siehe S. 70

Kürbis

Je nach Kürbissorte Schale entfernen, Kürbis auftrennen, Kerne entfernen, das Fruchtfleisch in Scheiben schneiden oder grob raspeln. Gibt getrocknet Suppen, Saucen und Aufläufen eine appetitlich gelbe Farbe. Kürbischips siehe S. 70/71. Kürbisteile, die bitter schmecken, auf keinen Fall verzehren, diese können Cucurbitacine enthalten, Stoffe, die Lebensmitelvergiftungen auslösen können.

Lauch *(Porree)*

Lauch der Länge nach halbieren, dann lässt sich die Erde zwischen den Blättern besser ausspülen. Nun quer in ca. 0,5 cm bis 1 cm dicke Stücke schneiden, auch die grünen Teile. Vor dem Trocknen nicht blanchieren.

Paprika und Chilischoten *(Peperoni)*

Immer mehr Hobbygärtner ziehen milde Paprika und scharfe Peperoni (Chilischoten) im Garten. Diese Gemüse lassen sich sehr gut trocknen. Paprika der Länge nach vierteln, Kerne und die weißen Teile entfernen und in fingerdicke Teile schneiden. Ohne Blanchieren auf einem Dörrgitter in der Sonne oder bei 40 bis 50°C im Dörrgerät trocknen. Paprikapulver (S. 56)
Dünnhäutige und schlanke Chilischoten können auch, wie Bohnen mit einer Stopfnadel auf dünne Schnüre aufgezogen, an der Luft getrocknet werden (Abb. 4.8). Bei der Verarbeitung von Chilis Einweghandschuhe tragen. Nur makellose Chilis trocknen, solche mit weichen Stellen oder weißgrauen Punkten aussortieren. Stiele der Chilis entfernen, Schoten halbieren, die Kerne entfernen (für mehr Schärfe Kerne belassen) und die Chilistücke bei ca. 50°C je nach Dörrgerät und Anzahl der Siebe etwa 8-16 Stunden dörren. Ab und zu umdrehen und die Dörrsiebe tauschen. Die Chilis sind getrocknet, wenn sich die Schoten leicht zerbröseln lassen. Chilipulver siehe S. 56.

4.8: Paradies für Chilifreunde!
4.9: Pastinake.

4.8

4.9

Pastinake

Für Trockengemüse grob raspeln oder dünne Scheiben schneiden. Bei nicht mehr als 50°C dörren. Pastinakenchips siehe S. 70.

Puffbohnen *(Dicke Bohnen)*

Dicke Bohnen können gut gedörrt werden, wenn sie ausgereift sind.
Verwendung: Wie andere Hülsenfrüchte .

Rettich

Chips siehe S. 69.

Rote Bete

Chips siehe S. 68; Rote Bete-Pulver siehe S. 57.

Sellerie

Knollensellerie: Knolle putzen, grob raspeln oder in Streifen hobeln, bei 50°C dörren. Da die Knolle wenig Wasser enthält, trocknet das Gemüse verhältnismäßig schnell. Sehr aromatisch, darf in keiner Gemüsesuppe fehlen.
Selleriegrün: Das Grün von Stangen- oder Knollensellerie lässt sich gut trocknen und gibt Suppen, Fleischgerichten, Gemüsebrühen ein schön würziges Aroma. Die Blätter von den dicken Stielen lösen, grob schneiden und bei 30°C trocknen.
Stangensellerie: Selleriestangen waschen und in ca. 1 cm dicke Scheiben schneiden. 6 bis 10 Stunden bei ca. 50°C dörren. Selleriesalz siehe S. 62.

Suppenwürze

Um getrocknete Gemüsestückchen z.B. für eine Bouillon herzustellen, Zutaten wie Lauch, Sellerie, Karotten, Zwiebeln etc. kleinschneiden und bei unterschiedlich langen Dörrzeiten evtl. einzeln dörren. Dann die Zutaten vermischen und luftdicht verschlossen aufbewahren.

Tomate

Tomaten enthalten viel Wasser, weshalb am besten dickfleischige, schnittfeste Tomaten gedörrt werden. Sie werden durch den Wasserentzug aromatischer. In 5 bis 10 mm dünne Scheiben oder dünne Keile schneiden, evtl. mit etwas Kräutersalz würzen und mit der Hautseite nach unten trocknen. Zwar gibt es auch grüne Tomatensorten, aber die üblichen Tomaten werden beim Reifen rot. Sind diese noch unreif und grün, enthalten sie das gesundheitsschädliche Gift Solanin. Zum Dörren deshalb nur reife Tomaten verwenden.
Tomatensaucenpulver siehe S. 54; Tomatenpesto siehe S. 46; Kirschtomaten in Öl siehe S. 46.

Zucchini

Adieu Zucchinischwemme im Garten, jetzt wird gedörrt! Junge Zucchini in 0,5 bis 0,8 cm dünne Scheiben schneiden und bei 50°C ca. 18 Stunden dörren. Bei der Autorin hatten 500 g Zucchini gedörrt ein Trockengewicht von 32 g. Ihr typischer Geschmack bleibt durch Trocknen sehr viel besser erhalten als beim Tiefffrieren. Zucchiniteile, die bitter schmecken, auf keinen Fall verzehren, diese können Cucurbitacine enthalten, Stoffe, die Lebensmitelvergiftungen auslösen können.

Zwiebel

Ca. 0,5 cm dicke Zwiebelscheiben oder klein gehackte Zwiebelstücke auf Siebe legen und bei etwa 50°C etwa 18 Stunden trocknen. Die ersten Stunden ist ein kräftiger Zwiebelgeruch in der Luft! Ausreichend getrocknete Zwiebeln fühlen sich strohig-ledrig an.
Bei der Autorin hatten 200 g Zwiebeln, in Ringen getrocknet, ein Trockengewicht von 31 g.
Zwiebelpulver siehe S. 57.

4.10: Getrocknetes Gemüse für Bouillon luftdicht, z.B. in einem Einmachglas aufbewahrt, ist bis zur nächsten Ernte haltbar.

4.11: Sehr vielseitig verwendbar: Getrocknete Tomaten.

4.12: Suppengemüse, getrocknet: Lauch, Karotten und Staudensellerie.

Kochen mit Trockengemüse

Mit einem Vorrat an getrocknetem Gemüse aus dem sommerlichen Ernteüberschuss lassen sich unabhängig von der Saison Saucen und Salate, Nudel- und Reisgerichte verfeinern und leckere Suppen und Eintopfgerichte herstellen.
Generell ist die Koch- und Backzeit von Trockengemüse etwas länger als die von Frischgemüse. Gemüse, das vor dem Trocknen blanchiert wurde, hat eine etwas kürzere Kochzeit als unblanchiertes Gemüse. Die Flüssigkeit, die dem Gemüse durch das Trocknen entzogen wurde, muss natürlich bei der Zubereitung durch Einweichen in kaltes oder kochendes Wasser bzw. in Brühe wieder zugeführt werden.

4.13: Der Stoff, aus dem gute Gemüsesuppen entstehen.

- Das geraspelte oder in feine Streifen geschnittene Trockengemüse in kochendes Wasser oder kochende Gemüsebrühe geben und so lange köcheln, bis es weich ist. Im Allgemeinen genügen 15 bis 30 Minuten. Bei größeren Trockengemüsestücken empfiehlt es sich, sie vorher ein paar Stunden in kaltem Wasser quellen zu lassen, dabei sollte das Gemüse stets mit Wasser bedeckt sein. Das Einweichwasser immer mitverwenden, es enthält die im Wasser gelösten Nährstoffe. Bei einigen Gemüsen dauert es etwas länger als bei anderen, bis sie wiederhergestellt sind, so brauchen Karotten und Bohnen z.B. länger als getrocknete Erbsen. Faustregel: Gemüse, die eine lange Dörrzeit haben, brauchen auch länger, bis sie genussfertig gegart sind.
- Richtwert für die Portionierung: Pro Person sind bei Gemüsegerichten je nach Vorliebe ca. 30 - 40 g Trockengemüse ausreichend. Das entspricht einer Portion von etwa 300 bis 400 g Frischgemüse. Für leichte Suppen genügen 20 bis 25 g Trockengemüse.
- Zum Garkochen werden pro 100 g Trockengemüse etwa 1,5 Liter Flüssigkeit empfohlen. Gekocht wird Trockengemüse etwas länger als Frischgemüse.
- Um fehlende Frischkost zu ersetzen und den Geschmack noch zu verbessern, empfiehlt sich, den Gerichten frische Küchenkräuter, gehackte Zwiebeln, geraspelte rohe Karotten u.dgl. zuzusetzen.
- Wichtig: Erst gegen Ende der Kochzeit salzen, dann bleibt das Gemüse zarter

Leichte Gemüsesuppe *(für 2 Personen)*

50 g Trockengemüse (Tomaten, Zwiebeln, Karotten, Sellerie etc.)
2 EL Suppennudeln
1 TL getrocknetes Basilikum (S. 78)
1 TL Petersilie
1 EL Zwiebeln
1 kleine Knoblauchzehe
Salz, Pfeffer
0,75 l kochende Gemüsebrühe

Zwiebel und Knoblauchzehe schälen und kleinschneiden. Die Trockengemüsestücke mit einem Stabmixer grob zerkleinern. In einem Topf alle Zutaten vermischen, mit der kochenden Gemüsebrühe übergießen und 10 Minuten lang köcheln lassen. Vom Herd nehmen und weitere 20 Minuten ziehen lassen.
Dann erneut erhitzen und mit Salz und Pfeffer abschmecken.

Tomatencremesuppe *(für 2 Personen)*

100 g getrocknete Tomaten (S. 43)
1 Knoblauchzehe
2 TL getrocknetes Basilikum (S. 78)
0,5 l kochende Gemüsebrühe, ungesalzen (S.54)
2 EL Crème fraîche
Meersalz, Pfeffer
1 EL gutes Olivenöl

Die getrockneten Tomaten mit dem zerkleinerten Knoblauch im Olivenöl andünsten und mit dem getrockneten Basilikum in der kochenden Gemüsebrühe etwa 20 Minuten köcheln, bis die Tomaten weich sind. Die Suppe abkühlen lassen, mit einem Stabmixer pürieren und wieder erwärmen. Die Creme fraiche einrühren, mit Salz und mit schwarzem Pfeffer aus der Mühle abschmecken.

Ratatouille *(für 2 Personen)*

25 g getrocknete Tomaten (S. 43)
20 g getrocknete Auberginen (S. 40)
20 g getrocknete Zucchini (S. 43)
20 g Paprika, getrocknet (S. 42)
1 Zwiebel
1 Zehe Knoblauch
2 EL Olivenöl
½ TL getrockneter Thymian (S. 79)
½ TL getrocknete Basilikum (S. 78)
1 Lorbeerblatt (S. 78)
Naturbelassenes Salz, frisch gemahlener Pfeffer
ca. 0,2 l Gemüsebrühe, am besten aus ungesalzenem Pulver (S. 54)
ein paar Oliven (optional)

Die Gemüse etwa 2 Stunden in der am besten nicht schon gesalzenen Gemüsebrühe einweichen (das Gemüse sollte von Flüssigkeit bedeckt sein).

4.14: Der Gemüsemann kommt!

Die Zwiebel und Knoblauchzehe hacken und im Olivenöl anbraten. Dann das eingeweichte Gemüse mitsamt Brühe, dem Lorbeerblatt, den Kräutern und den halbierten Oliven (optional) zugeben. Aufkochen und mit Topfdeckel etwa 30 Minuten sanft köcheln lassen, bis die Gemüse weich sind. Pfeffern und salzen. Zu diesem geschmorten Gemüseeintopf passen Reis oder Nudeln. Schmeckt auch kalt z.B. mit Baguette sehr gut. Die dickflüssigen Reste können püriert werden und als Brotaufstrich dienen. Auch fein: einen Schuss Rotwein mitköcheln lassen.

Salatcrunchies

Statt Croutons aus Brot können auch sehr einfach Crunchies aus Gemüse hergestellt werden, die sich im luftdicht schließenden Glas bis zu 2 Monaten im Kühlschrank aufbewahren lassen. Dazu werden etwa gleiche Teile von getrockneten Zwiebeln, Tomaten, Karotten, Paprika, Sellerie etc. zusammen mit Parmesan, Petersilie und Sonnenblumenkernen mit dem Stabmixer grob zerkleinert. Zum Servieren die Salatportionen jeweils mit einem Esslöffel der Gemüsecrunchies garnieren.

Schnelle Gemüse-Kräuter-Creme

30 g getrocknete Karotten (S. 41)
30 g getrocknete Paprika (S. 42)
30 g getrocknete Zucchini (S. 43)
1 EL Zwiebel, getrocknet (S. 43)
1 EL Stangensellerie, getrocknet (S. 42)
1 Prise Knoblauchpulver (S. 55)
1 EL Petersilie, getrocknet (S. 79)
1 EL Basilikum, getrocknet (S. 78)
1 TL getrocknete Thymianblätter (S. 79)
1 TL Estragon, getrocknet (S. 78)
Crème fraîche
1 Prise Zucker
Meersalz und Pfeffer

Die Gemüse und Gewürze im Mixer fein hacken, dann in kleine Einheiten verpacken und kühl und dunkel aufbewahren.
Um den Dip herzustellen, 1 EL der Gemüse-Kräutermischung mit 200 g Crème fraîche gut verrühren und zugedeckt mindestens 4 Stunden im Kühlschrank ruhen lassen. Passt gut zu gekochten Kartoffeln oder als Dip für in Streifen geschnittenes Frischgemüse oder für Cracker.

Trockenes Tomatenpesto

200 g getrocknete Tomaten (S. 43)
350 g Cashews oder geschälte Mandeln
100 g Sonnenblumenkerne
1 EL naturbelassenes Salz
1 EL Pfefferkörner, gemahlen
2 EL Knoblauch, getrocknet (S. 55)
1 EL Thymian, getrocknet (S. 79)
1 EL Oregano, getrocknet
1 EL Basilikum, getrocknet (S. 78)

Tomaten, Cashews und Sonnenblumenkerne im Mixer sehr fein zerkleinern und mit allen Gewürzen gut vermengen. In ein Schraubglas füllen und gut verschließen. Nüsse werden recht schnell ranzig, deshalb das Pesto am besten im Kühlschrank aufbewahren. Hält mehrere Wochen und schmeckt sehr gut zu in Olivenöl geschwenkter Pasta, aber auch sehr gut eingerührt in Frischkäse oder Crème fraîche.

Tomaten in Öl

150 g getrocknete Tomaten (S. 43)
5 Knoblauchzehen
ca. 250 ml Olivenöl
1 TL Salz
Ein paar Pfefferkörner/etwas Chili (optional)

Sud

2 EL Zucker
0,25 l Wasser
1 EL Essig
0,1 l Weißwein
½ TL Rosmarin
½ TL Basilikum

Wasser, Zucker, Essig und Weißwein und Gewürze aufkochen und die getrockneten Tomaten 4 Minuten darin sieden. Dann in ein Sieb geben und gut abtropfen lassen. Den Knoblauch schälen und in dünne Scheiben schneiden. Tomaten mit Salz mischen und mit Knoblauchscheiben abwechselnd dicht in Gläser füllen und mit dem Olivenöl übergießen bis sie vollständig bedeckt sind. Beim Entnehmen wegen des Luftabschlusses immer so viel Öl nachgießen, dass es 1 cm über den Tomaten steht. Wer mag, kann für mehr Würze ein paar Pfefferkörner und/oder etwas Chili mit ins Glas geben. Ergibt 2 Gläser à 250 bis 300 ml. Haltbarkeit ca. 6 Monate. Die Tomaten vor dem Verzehr 14 Tage durchziehen lassen. Sie schmecken sehr gut zu Spaghetti oder auf belegtem Brot.

4.15: Zucchiniwrap, bestrichen mit etwas scharfer roter Sauce und gefüllt mit Karottengemüse und Champignons.

Gemüseleder: Snacks und Wraps

Mit Tomaten, Karotten, Paprikaschoten, Süßkartoffeln, Zucchini und anderen Gemüsen können biegsame Fladen hergestellt werden. Mit Sauce bestrichen und mit herzhaften Füllungen aller Art wie Salat, Käse, Pilze und Frischgemüse versehen, lassen sie sich zu leckeren Wraps rollen. Gemüsewraps sind vitalstoffreiche Hüllen und besonders für Rohköstler eine gute Abwechslung zu den üblichen Wraps aus Kohl- und Salatblättern und ebenso einfach wie Fruchtleder herzustellen. Damit die Fladen noch biegsam sind, sollten sie nicht zu lange getrocknet werden. Da Gemüseleder weniger Zucker als Früchte enthalten, haben sie eine geringere Haltbarkeit. Sie sollten aber im Kühlschrank mindestens eine Woche haltbar sein, vorausgesetzt, sie sind so gut durchgetrocknet, dass keine Staunässe im gut verschlossenen Behälter entstehen kann. Wird das Gemüse vor dem Trocknen blanchiert (S. 39), verlängert dies die Haltbarkeit ein wenig. Die Wraps bleiben durch das Blanchieren weicher, allerdings geht der Frische-Geschmack etwas verloren

Zucchini-Leder

400 g Zucchini
2 EL (26 g) Goldleinsamen, geschrotet
1 Knoblauchzehe
1 EL Flohsamenschalen
½ TL Dill, getrocknet
⅓ TL Salz
⅓ TL Pfeffer

Zucchini waschen, in Stücke schneiden und mit allen anderen Zutaten im Mixer fein pürieren. Auf einem mit Backpapier oder Antihaftfolie ausgelegten Sieb etwa 5 mm dick aufstreichen und bei 42°C etwa 5 Stunden lang trocknen, dann wenden und ohne Backpapier/Folie 7 Stunden oder so lange trocknen, dass das Leder noch biegsam ist. Zum Verzehr den Fladen mit einer Füllung der Wahl belegen und vorsichtig aufrollen. Die angegebene Zutatenmenge ergibt einen runden Wrap (ca. 30 cm Durchmesser) mit einem Gewicht von 60 g.

Saucen zum Bestreichen

Tomatensauce: Einige Cherrytomaten, ein paar getrocknete Tomaten, etwas Salz und Pfeffer sowie eine Zehe Knoblauch und Frischkräuter nach Wahl pürieren.
Frischkäse: Frischkäse, verfeinert mit Meerrettich oder Kräutern aufstreichen.
Hummus (Kichererbsenpaste) selbst herstellen oder fertig kaufen.
Cashew-Aufstrich: Cashewnüsse mit etwas Olivenöl und Flohsamenschalen pürieren und mit Salz, Pfeffer und Zitronensaft würzen.

Tomaten-Leder

300 g Tomaten
100 g Zwiebel
2 EL Leinsamen
½ TL naturbelassenes Salz
½ TL Pfeffer

Tomaten waschen, in Stücke schneiden, Zwiebel schälen und zerkleinern. Leinsamen schroten und zusammen mit den Tomaten- und Zwiebelstücken sowie den Gewürzen im Mixer fein pürieren. Auf einem mit Backpapier oder Antihaftfolie ausgelegten Sieb etwa 5 mm dick verstreichen und bei 42°C etwa 8 Stunden lang trocknen, dann wenden und ohne Backpapier/Folie so lange trocknen, dass das Leder noch biegsam ist.
Zum Verzehr den Fladen mit einem Belag der Wahl vorsichtig aufrollen. Tomatenleder lässt sich mit der Zugabe von Kräutern wie z.B. Basilikum, Oregano, Pizzakräutern etc. und/oder Gewürzen wie Knoblauch, Paprika, Chili aromatisch gut variieren. Tomatenleder ist auch bei der Zubereitung von Gerichten praktisch, wenn nur wenig Tomate gebraucht wird: Einfach ein Stück Tomatenleder abbrechen und mitkochen. Für diesen Zweck sollte das Gemüseleder sehr gut durchgetrocknet werden, damit es längere Zeit haltbar ist.

Karotten-Leder

300 g Karotten
100 g Äpfel
2 EL Flohsamenschalen
20 g Mandeln
2 TL Zitronensaft
½ TL Zimt
5-7 EL Wasser

Karotten und Äpfel zerkleinern und im Mixer pürieren, Zitronensaft, Mandeln, Flohsamenschalen und Zimt unterrühren. Nach und nach einige EL Wasser zugeben, um einen gerade noch streichfähigen Teig zu erhalten. Auf einem mit Backpapier oder Antihaftfolie ausgelegten Sieb mit der Rückseite eines Esslöffels etwa 5 mm dick ausstreichen, wenn nötig die Löffelrückseite ab und zu mit Wasser benetzen und bei 42°C etwa 5 Stunden trocknen, dann wenden und ohne Backpapier/Folie 10 Stunden oder so lange fertigtrocknen, bis der Fladen hart ist. Mit der Schere in mundgerechte Stücke schneiden. Eine ideale Wandernahrung! Die angegebene Zutatenmenge reicht für 90 g wenig süße Energiehappen für unterwegs.

Karottenleder als Wrap: 400 g Karotten, 2 EL Flohsamenschalen, 1 EL gemahlene Mandeln und 2 TL Zitronensaft. Nur so lange dörren, dass der Fladen noch biegsam ist und zusammengerollt werden kann.
Die angegebene Zutatenmenge reicht für einen runden Fladen von etwa 30 cm Durchmesser.

Pilze

Pilze werden seit Urzeiten getrocknet, da sie frisch nicht lange haltbar sind. Fast alle Pilze können durch Trocknen konserviert werden, manche werden dadurch noch aromatischer (z.B. Steinpilze). Neben den wildwachsenden Pilzen eignen sich auch Zuchtpilze wie Champignons, Austernpilze etc. zum Dörren. Unbeschädigte, junge, frische Pilze trocken putzen (nicht waschen, sie würden dadurch zu viel Feuchtigkeit aufnehmen), in dünne Scheiben schneiden und bei ca. 50°C im Dörrgerät trocknen (oder im Backofen mit Lüftungsspalt, damit die Feuchtigkeit abziehen kann). Dörrdauer 6 bis 9 Stunden, je nach Dicke der Pilzstücke. Pilze enthalten viel Wasser (bis zu 90% ihres Gewichtes). Wenn sie sehr trocken sind, d.h. sich brechen lassen, in gut verschließbare Gläser füllen und kühl und dunkel lagern. 1000 g Frischpilze ergeben etwa 100 g getrocknete. Vor Gebrauch in lauwarmem Wasser quellen und im Einweichwasser aufkochen lassen. Pilze können auch, aufgefädelt wie Girlanden, in der Nähe von Heizkörpern luftgetrocknet werden oder, in sehr dünne Scheiben geschnitten, auf Trockenrosten im Freien. Wichtig dabei ist, sie wegen der Schimmelgefahr recht schnell zu trocknen. Fertig getrocknet sind sie, wenn sie spröde sind und sich brechen lassen. Getrocknete Pilze halten sich, je nach Sorte, bis zu einem Jahr. Für Pilzgerichte pro Person 10 bis 20 g Trockenpilze etwa 1 Stunde in kochendem Wasser quellen lassen (pro 10 g Pilze mindestens 0,1 l Wasser, das Einweichwasser mitverwenden). Einfach, schnell und sehr lecker: Pilze in Butter anbraten, dann mit dem Einweichwasser und einem Schuss Weißwein ablöschen, alles etwas einkochen lassen und mit Salz, Pfeffer und frischer Petersilie über Spaghetti geben.
Pilzpulver siehe S. 56, Pilzsalz S. 62.

4.16: Pilze können sehr gut gedörrt werden.

Pilzcremesuppe *(für 2 Personen)*

4 EL getrocknete Pilze
¾ l Gemüsebrühe
2 EL Weißwein, trocken
1 Schalotte
100 g mehlig kochende Kartoffeln, gewürfelt
2 EL gehackte Petersilie
Je 1 Prise Salz und Pfeffer
2 EL Crème fraîche
etwas Zitronensaft (optional)
Öl zum Andünsten

Pilze in 8 - 10 EL Wasser etwa ½ Stunde einweichen. Schalotte und Kartoffel schälen, würfeln in Öl glasig dünsten und die eingeweichten Pilze zugeben. Mit Weißwein ablöschen, Brühe und das Einweichwasser zugeben, alles aufkochen lassen und in 20 - 25 Minuten sanft gar werden lassen. Dann pürieren, Crème fraîche dazugeben und mit Salz, Pfeffer und etwas Zitronensaft abschmecken. Mit gehackter Petersilie bestreut servieren.

Pilz-Zwiebelsauce *(für 4 Personen)*

0,4 l Wasser
2 EL Öl
1 Zwiebel
2 EL Pilzpulver
2 TL Suppenwürze
1 kleine Kartoffel
2 EL Petersilie, kleingehackt (optional)

Die Zwiebel kleinschneiden und in Öl glasig anbraten. Das Wasser zugeben, Pilzpulver und Suppenwürze einrühren. Eine kleine Kartoffel schälen, fein reiben und zum Andicken zur Flüssigkeit geben (alternativ: 1 EL Kartoffelstärke einrühren). Alles langsam aufkochen und 15 Minuten ziehen lassen. Zum Schluss die kleingehackte Petersilie unterrühren (optional). Passt gut zu Spaghetti.

Pilzöl

10 g getrocknete Pilze (z.B. Steinpilze, Champignons, Kräuterseitlinge)
½ l Olivenöl
6-8 Pfefferkörner, schwarz
1 Zweig Rosmarin, frisch
1 Zweig Salbei, frisch
½ Zehe Knoblauch, geschält

Alle Zutaten in eine sterilisierte Flasche geben und mit Olivenöl auffüllen. Mindestens 2 Wochen unter gelegentlichem Schütteln stehen lassen. Dann das Öl durchsieben und ohne die anderen Zutaten wieder zurück in die Flasche füllen. Das Pilzöl hält sich etwa 3 bis 4 Monate.

Special: Rhabarber

Es gibt viele Rhabarberfans, die sich im Frühjahr die köstlichen Stangen auf keinen Fall entgehen lassen. Ihnen ist dieser Exkurs gewidmet! Rhabarber ist botanisch gesehen keine Frucht, sondern zählt zu den Gemüsen. Roher Rhabarber enthält viel Oxalsäure, eine natürliche Fruchtsäure, die nicht in größeren Mengen verzehrt werden sollte. Allerdings steckt die meiste Oxalsäure in den Blättern, die deshalb sogar als giftig gelten. Ein bis 2 Rhabarberstangen roh verzehrt, sind aber gewöhnlich für Menschen harmlos, die nicht an Krankheiten wie Gicht, Arthritis oder Nierensteinen leiden.
Der Oxalsäuregehalt im Rhabarber steigt mit zunehmendem Wachstum, deshalb sollten am besten recht dünne Stangen zum Trocknen verwendet werden. Es heißt, dass Rhabarber nach dem Johannistag (24. Juni) nicht mehr geerntet werden sollte. Junger Rhabarber braucht nicht unbedingt geschält werden, älterer sollte aber, da auch in der Schale viel Oxalsäure steckt.

Tipp: Die Rhabarberstücke in einer Schüssel vor dem Trocknen mit kochendem Wasser übergießen. 5 Minuten ziehen lassen, mit dem Schaumlöffel aus dem Wasser nehmen und gut abtropfen und trocknen. So wird der Säuregehalt reduziert,

4.17: Blanchierter oder eingeweichter Rhabarber verliert Oxalsäure.

da Oxalsäure in das Kochwasser übergeht (nicht benutzen!). Die blanchierten Rhabarberstücke schmecken milder, allerdings geht auch vom typischen Rhabarbergeschmack verloren.
Bei einer anderen Methode werden die Rhabarberstücke in einen Edelstahltopf gefüllt und, bedeckt mit kochendem Wasser, so lange eingeweicht (mindestens 1 Stunde), bis der Rhabarber die Farbe verändert hat. Es muss auch nicht mehr so viel nachgesüßt werden, die Textur wird zudem weicher, und es ist einfacher, die Stücke zu pürieren. Das Wasser nicht verwenden.
Rhabarber ist eines der wenigen Fruchtgemüse, die etwas Süße nötig haben. Es soll aber Menschen geben, die (fast) ohne auskommen und den sauren Geschmack mögen. Diese Menschen werden den Geschmack von wenig gesüßten, getrockneten Rhabarberstücken (siehe unten) lieben. Was sich alles aus Rhabarber herstellen lässt, zeigt im Folgenden eine kleine Auswahl an Rezepten:

Rhabarberheu

200 g Rhabarber

Die Fäden von den Rhabarberstangen abziehen, die Stangen in ca. 10 cm lange Stücke schneiden und mit dem Sparschäler längs dünne Streifen abspalten. Bei ca. 50°C trocknen. Nach etwa einer Stunden wenden. Weitertrocknen, bis die Konsistenz hart-biegsam ist. Ergibt getrocknet ca. 18 - 20 g Rhabarber. Mit einer Schere zerkleinern und in Müsli, Plätzchen, Früchtebrot, Muffins, Kuchen einarbeiten. Alternativ die rascheldürr getrockneten Rhabarberstreifen fein mahlen und als Pulver über das Müsli streuen.

Rhabarberbonbons

200 g Rhabarber
2 EL Ahornsirup
1 Prise Zimt

Am besten junge Rhabarberstangen nehmen. Die Fäden entfernen und schräg in etwa 1 cm dicke Stücke schneiden. In eine Schüssel geben und mit dem Ahornsirup gleichmäßig vermengen. Auf ein mit Backpapier ausgelegtes Sieb geben und den restlichen Sirup aus der Schüssel darüber träufeln. Mindestens 12 Stunden dörren, bis sich die Rhabarberstücke lederartig anfühlen. Vorsicht: Auf einer Dörrfolie hinterlässt der Ahornsirup braune Abdrücke, die kaum zu entfernen sind! Ergibt ca. 30 g getrocknete Rhabarberbonbons. Der erfrischende säuerliche Geschmack verbindet sich vorteilhaft mit der Süße des Ahornsirups. Auch lecker: Die Rhabarberstücke statt in Ahornsirup in Kokosblütenzucker wälzen und dann trocknen.

4.18: Alles Rhabarber! Rhabarberheu, ungesüßte und gesüßte Rhabarberbonbons sowie Rhabarberschnitten.

Rhabarber-Bananen-Fruchtgummi

500 g Rhabarber
2 mittelgroße Bananen, geschält
2-3 Datteln
50 g Mandeln

Rhabarber putzen und in ca. 2 cm dicke Stücke schneiden. Mit etwas Wasser aufkochen bis die Stücke weich sind. Die Stücke mit dem Schaumlöffel entnehmen und abkühlen lassen. Die Bananen zerteilen, die Datteln klein schneiden, die Mandeln in der Küchenmaschine zerhacken und zusammen mit den Rhabarberstücken, den Bananenteilen, den zerkleinerten Datteln und einer Prise Zimt gut vermischen. Max. 5 mm dick auf Backpapier oder Dörrfolie möglichst gleichmäßig aufstreichen und bei nicht mehr als 42°C etwa 6 Stunden trocknen lassen. Dann vorsichtig vom Backpapier bzw. von der Folie abziehen und mit der feuchten Seite nach oben nochmal ca. 9 Stunden trocknen. Die Rhabarberplatte sollte sich ledrig, aber nicht mehr klebrig anfühlen. Mit der Schere in mundgerechte Stücke schneiden. Ergibt ca. 130 g Fruchtgummistücke. Wer den Geschmack etwas weniger bananig haben möchte, nimmt nur eine Banane und dafür eventuell 2 Datteln mehr.

Rohe Rhabarberkugeln

500 g Rhabarber
75 g Leinsamen, geschrotet
10 Datteln

Rhabarber schälen, in ca. 1 bis 2 cm große Stücke schneiden, im Mixer fein zerkleinern, ebenso die Datteln. In einer Schüssel das ziemlich flüssige Rhabarbermus, die geschroteten Leinsamen und die Dattelstücke gut vermengen und eine halbe Stunde ruhen lassen. Auf eine Dörrfolie aufstreichen und etwa 8 Stunden bei 42°C trocknen lassen, dann vorsichtig die Folie entfernen. Die Unterseite sollte noch etwas feucht sein. Aus der Rhabarberplatte kleine, etwa 10 g schwere Stücke schneiden und zu Kugeln formen. Nach Belieben die Kugeln in Kokosblütenzucker wälzen, in die Mitte je ein Stückchen Walnuss stecken, die Kugeln in kleine Papiermanschetten stecken und an der Luft nachtrocknen lassen (Abb. 8.24).

Gefüllte Rhabarberrolle

500 g Rhabarber
3 EL Chiasamen
2 EL Flohsamenschalen
3 EL Honig

Jungen, rohen Rhabarber schälen, die Fäden abziehen, in Stücke schneiden und in der Küchenmaschine fein zerkleinern. In einer Schüssel mit den Chia- und Flohsamenschalen und dem Honig zu einem gleichmäßigen Teig vermischen. Auf eine Dörrmatte oder auf Backpapier ca. 0,5 cm dick aufstreichen und bei 42°C etwa 10 Stunden lang trocknen. Nach etwa 7 Stunden den Rhabarberfladen wenden und ohne Folie bzw. Papier auf dem Dörrgitter weitertrocknen. Ergibt ca. 150 g. Das Fruchtleder mit Crème fraîche und etwas Fruchtaufstrich (z.B. aus Aprikosen) bestreichen und aufrollen. Vorsichtig mit dem Messer in Scheiben schneiden. Ein feiner Genuss! Bald verzehren.

Rhabarber-Apfelstreifen

200 g Rhabarber
200 g Apfel
2 bis 3 EL Honig
1 TL Zimt

Rhabarber waschen, die Fäden abziehen und in etwa in 2.5 cm dicke Stücke schneiden. Blanchieren, bis sich die Farbe ändert. Apfel zerkleinern. Alle Zutaten im Mixer so lange pürieren, bis eine homogene Masse entstanden ist. Auf ein mit Backpapier oder Dörrfolie ausgelegtes Sieb ca. 0,5 cm hoch verstreichen und so lange trocknen, bis keine klebrige Stelle mehr vorhanden ist. Zwischendurch wenden und ohne Papier/Folie fertigtrocknen. Das Fruchtleder mit der Schere in kurze Streifen schneiden.

Rhabarberschnitten und Rhabarber-Erdbeer-Schnecken siehe S. 99.

5 Gemüse- und Fruchtpulver

Gemüsepulver

Pulverisiertes Gemüse verfeinert Brühen, Suppen, Salate und Saucen. Nichts geht über eine selbstgemachte Gemüsebrühe aus Suppenpulver! Im Vergleich zu gekauftem Suppenpulver enthält das selbstgemachte weder Geschmacksverstärker noch Konservierungsstoffe oder künstliche Aromen. Ein weiteres Plus: Es können für das Pulver nicht nur Reste von Gemüse, sondern auch essbare Blätter, Strünke und Schalen mitverwendet werden.

- Gemüse wie Lauch, Zwiebeln, Möhren, Pastinaken, Sellerie etc. in kleine Teile schneiden, pürieren und im Backofen oder Dörrapparat bei ca. 60°C in etwa 10 Stunden trocknen. Dann vorsichtig vom Backpapier/von der Folie abziehen und umgedreht gut fertig trocknen. Im Hochsommer kann der Gemüsebrei auch energiesparend an der Sonne gedörrt werden (das Püree ab und zu wenden, damit es gleichmäßig durchtrocknet). Alternativ die Gemüse in sehr schmale Stücke schneiden und, wie eine Girlande aufgefädelt, an einem warmen und trockenen Ort mehrere Tage dörren lassen, dann pürieren.
- Nach Belieben mit getrockneten Kräutern wie Liebstöckel, Bärlauch, Thymian etc. (siehe S. 78/79) mischen. Auch getrocknete Selleriestückchen sind eine feine Zutat. Salz kann, muss aber nicht unbedingt zugegeben werden, gewürzt werden kann mit Salz auch noch bei der Zubereitung der Speise. Nun alles im Mixer flockig oder fein mahlen und in einem Schraubglas dunkel und kühl aufbewahren. Nicht nur für Gemüsebouillon (siehe S. 54), Saucen und Salatdressings lässt sich Gemüsepulver verwenden, es kann Gerichte sehr gut aromatisieren, in Hackbällchenteig und anderen zu würzenden Teigen eingeknetet werden und bereichert Aufstriche aller Art sowie Dips.
- Pulverisiertes Trockengemüse, ob von einer Gemüseart oder gemischt, verliert bei langer Aufbewahrung schnell an Qualität und ist sehr feuchtigkeitsempfindlich. Deshalb sollte das getrocknete Gemüsepüree gut durchgetrocknet sein, d.h. eine knackige Konsistenz haben, bevor es, in Stücke gebrochen und gemahlen wird. Nur jeweils kleine Mengen im Mixer pulverisieren, sonst lässt sich das Püree nicht gleichmäßig zerkleinern.
- ***Gemüseflocken:*** Für Suppen und Saucen ist es nicht unbedingt nötig, das getrocknete Gemüse fein zu mahlen. Zu Flocken zerkleinert, gibt es Salaten und Suppen mehr Bissfestigkeit und Aroma.
- Anhaltswert für die Dosierung: 1 EL Gemüsepulver bzw. 1-1,5 EL Gemüseflocken oder 2 EL Trockengemüse entsprechen etwa 4 EL klein geschnittenem Frischgemüse.

5.1: Gemüsepotpourri: Damit getrocknetes Gemüse länger aromatisch bleibt, immer nur kleine Mengen pulverisieren.

5.2: Gemüseflocken ohne Zusätze, selbstgemacht.

Körnige Gemüsebrühe

300 g Karotten
200 g Zwiebel
200 g Petersilienwurzel
100 g Lauch
100 g Sellerieknolle
100 g naturbelassenes Salz (optional)
3 Knoblauchzehen

Die Gemüse säubern, wenn nötig schälen und grob raspeln, den Lauch längs halbieren und in feine Ringe schneiden. Zusammen trocknen und, wenn alles rascheldürr ist, eventuell mit Salz im Mixer körnig pürieren. Kühl und dunkel in Gläsern aufbewahren. Haltbarkeit: ca. 12 Monate

Tomatensaucenpulver

2 kg Tomaten
3 grüne Paprika
3 große Zwiebeln
4 Knoblauchzehen
3 große Karotten
Salz und Pfeffer

Die Gemüse waschen, zerkleinern und im Stabmixer pürieren. Im Topf ohne Deckel so lange kochen, bis genügend Wasser verdampft und die Mischung dickflüssig ist. Dann im Dörrgerät auf mit Backpapier/Antihaftfolie ausgelegte Siebe streichen und bei 50 - 60°C so lange dörren, bis die Masse sehr trocken und leicht bröselig ist. Im Stabmixer zu Pulver zerkleinern und trocken und dunkel aufbewahren. Gut für Instantsuppen, für Pasta und Saucen. Haltbar etwa 6 Monate.

Gemüsepulver

150 g Zwiebeln
3 Knoblauchzehen
50 g naturbelassenes Salz, optional
150 g Tomaten
100 g Karotten
70 g Sellerie
40 g Selleriegrün
40 g Liebstöckel

Alle Zutaten zerkleinern und im Mixer pürieren. Den Gemüsebrei auf ein mit Backpapier/Antihaftfolie ausgelegtes Sieb streichen und gut trocknen. Die getrocknete Gemüseplatte grob zerkleinern, alles fein zerstampfen und das Pulver lichtgeschützt im gut verschließbaren Glas aufbewahren.
Anhaltswert: 400 bis 500 g Frischgemüse ergeben ca. 100 g Gemüsepulver. Dosierung: Etwa 1 Teelöffel Pulver pro Tasse Wasser.
Mischungsvariante: 100 g Paprika, 200 g Zwiebeln, 200 g Möhren, 100 g Lauch, 200 g Staudensellerie, 300 g Tomaten, 20 g Petersilie, 70 g Salz (oder nach Belieben etwas mehr).

Cashew-Karotten-Aufstrich

20 g Karottenpulver
50 g Cashews
0,1 l Wasser
1 TL Kreuzkümmel
1 TL Garam Masala (indische Gewürzmischung)

Das Wasser erwärmen, das Karottenpulver einrühren und 15 Minuten quellen lassen. Zusammen mit den Cashews und den Gewürzen im Mixer pürieren und als Dip oder Aufstrich servieren.

5.3

5.4

Würzpulver

Selbst hergestellte Würzpulver aus Gemüsen wie getrockneten Zwiebeln, aus Knoblauch, Sellerie, Tomaten und aus Kräutern wie z.B. Bärlauch sind im Gewürzregal schnell bei der Hand und geben Suppen, Saucen, Fisch- und Fleischgerichten einen Extrakick, ebenso wie Pulver aus Pilzen.

Bärlauchwürzpulver

Die gewaschenen und gut trockengetupften Bärlauchblätter in Streifen schneiden, damit das Wasser schneller entweicht und im Dörrgerät, im Freien oder im Backofen trocknen. Wenn die Blätter richtig durchgetrocknet sind, zwischen den Händen rebeln oder mit dem Stabmixer pulverisieren und in Schraubgläsern mit luftdichtem Verschluss aufbewahren. Das Pulver aromatisiert Suppen, Saucen und Dressings, passt aber auch gut auf Butterbrot und zu Quark. Bärlauchdörrbrot siehe S. 83.

Brennnesselpulver

Brennnesseln sind, wie inzwischen hinreichend bekannt, nicht nur sehr mineralstoffreich, sondern haben auch noch eine Reihe weiterer gesundheitsfördernde Inhaltsstoffe. Die Blätter waschen, gut abtropfen lassen und im Dörrgerät locker verteilen bzw. auf einem Sieb lufttrocknen. So lange trocknen, bis sich die Blätter leicht zwischen den Fingern zerreiben lassen. Veredelt Smoothies, Quarkspeisen, Kartoffelpürees und Eierspeisen.

Knoblauchpulver

Knoblauchknolle schälen, die Zehen dünn schneiden und bei ca. 50°C trocknen. Pulverisieren und, eventuell mit Salz vermischt, in Gläschen füllen.

5.5

5.6

5.7

5.8

5.3: Bärlauch, grob pulverisiert: Knoblauchgeschmack ohne Geruchsfolgen und sehr lecker im Dörrbrot.

5.4: Auch Gemüsereste, hier Spinat- und Brokkolistiele, können gut für Gemüsepulver getrocknet werden.

5.5, 5.6, 5.7 und 5.8: Blattgrünpulver statt Abfall – Gemüseblätter können viele Speisen bereichern, getrocknet und pulverisiert.
Ergebnis: ½ Glas Gemüseblätterpulver aus Spinat, Selleriegrün, Karotte, Kohlrabi und Mangold.

Meerrettichpulver

Wurzeln säubern, raspeln oder in 5 mm dicke Scheiben schneiden, bei ca. 50°C dörren, dann nach Bedarf pulverisieren. Im Vergleich zu frischem Meerrettich hat getrockneter ein sehr viel milderes Aroma und gibt Gemüse, Fleisch, Aufstrichen und Smoothies eine besondere Geschmacksnuance.

Paprika- und Chilipulver

Getrocknete rote Paprikaschoten (S. 42), pulverisiert, sind ein ausgezeichnetes Gewürz und schmecken viel aromatischer als gekauftes Pulver! Bei der Autorin ergaben 300 g Paprika, 22 Stunden bei 42°C gedörrt, 25 g Trockengewicht. Würzt sehr lecker Gulasch- und Tomatensuppen, Bratensaucen, Gemüseeintöpfe und vieles mehr.
Dünnfleischige Chilischoten wie Cayenne können auch luftgetrocknet werden, indem die Stiele mit Nadel und Faden aufgefädelt und an einem warmen Ort gehängt werden (Abb. 4.8). Dickfleischige Sorten wie Jalapeños sollten im Dörrgerät/Backofen getrocknet werden, die schlankeren Sorten im Ganzen und mit Stiel, die dickeren aufgeschnitten. Wenn möglich, das Dörrgerät nicht im Wohnbereich aufstellen, die entweichenden Dämpfe können die Schleimhäute reizen.
Beim Umgang mit Chilis immer Handschuhe tragen und Gesicht oder Augen nicht berühren!
Getrocknete Chilischoten im gut verschlossenen Glas mit Schraubdeckel kühl und dunkel aufbewahren und nach und nach im Mixer pulverisieren. Haltbarkeit: ca. 2 bis 4 Jahre.
Mischungen mit Chilipulver können u.a. mit Kreuzkümmel, Knoblauchpulver, Zwiebelpulver, aber auch mit Brennnesselsamen (S. 84) hergestellt werden.

Instant Babynahrung

Selbstgemachtes Gemüsepulver, z.B. aus Karotten, Kürbis oder Grünkohl kann leicht zu einem nahrhaften Babybrei gerührt werden, was besonders auf Reisen praktisch ist. Einfach in Gemüsepulver nach und nach so viele TL kochendes Wasser einrühren, bis der Brei die gewünschte Konsistenz hat.

Petersilienwurzelpulver

Ist ein guter Bestandteil von selbst hergestellter Gewürzmischung für Salate.

Pilzpulver

Rascheldürre und leicht zu brechende getrocknete Pilze oder Pilzmischungen mit dem Stabmixer oder in der Gewürzmühle nicht zu fein pulverisieren (Verklumpungsgefahr). Pilzpulver ist leichter verdaulich als es ganze Pilze sind und kann Suppen und Saucen kräftig aromatisieren, ohne dass vorheriges Einweichen nötig ist. Außerdem ist es hervorragend als Zugabe in Pastateigen geeignet. Pilze wie Stein- und Habichtspilze, Morcheln und Totentrompete eignen sich besonders gut für aromatisches Pilzpulver. Auch zähe Pilzstiele und die Haut von Hüten, in Scheiben geschnitten und getrocknet, lassen sich noch gut zu Pilzpulver verarbeiten. In gut verschließbaren Gläsern kühl und dunkel aufbewahren.

Selleriepulver

Ein bisschen Sellerieаroma veredelt so manches Gericht, doch da der Geschmack sehr intensiv ist, wird meist nur eine kleine Menge Sellerie benötigt. Selbstgemachtes Selleriepulver ist schnell bei der Hand, getrocknet passt eine ganze Knolle in ein 100 ml Glas! Selleriepulver ist auch ein guter Salzersatz. Auch fein: Getrocknetes Selleriegrün, pulverisiert und mit Salz vermischt (100 g Salz/ 10-20 g getrocknetes Selleriegrün).

5.9: Frische Steinpilze sind eine Delikatesse. Getrocknet und in Pulverform sind sie ganzjährig schnell bei der Hand.

Basiswürzpulver aus 6 Gemüsen

Je 1 EL Zwiebel-, Sellerie-,Tomaten-, Spinat-, Paprika- und Karottenpulver mit 1 TL getrockneter Petersilie, 1 TL Cayennepfeffer und 1 TL getrocknetem Knoblauchpulver mischen und als sehr aromatisches, salzfreies Basisgewürz für Suppen oder Saucen verwenden. Gemüsebrühe: 1 gehäufter EL für 0,5 l kochendes Wasser, salzen nach Geschmack.

Zwiebelpulver

Gut getrocknete, pulverisierte Zwiebeln sind lecker in Aufstrichen. Auch zu empfehlen: Zwiebelsalz (100 g Salz, 10 – 20 g Zwiebelpulver).

Blattgrünpulver

Die Blätter von Kohlrabi, Karotten und Sellerieknollen u.ä. sind viel zu schade zum Wegwerfen. Frisch werden sie gerne für Smoothies verwendet. Getrocknet und pulverisiert sind sie nicht nur eine schnelle und wertvolle Zutat in Gemüsesäften und als Topping auf Salaten, sondern auch feiner Bestandteil von Kräutersalzen.

Blattgemüse wie Mangold und Spinat können ebenfalls samt Stielen (am besten getrennt trocknen) pulverisiert werden. Die Abb. 5.5 - 5.8 zeigen die pulverisierte „Ernte“ von Kohlrabi-, Karotten-, Mangold-, Sellerie- und Spinatblättern. Nach dem Pulverisieren empfiehlt es sich, noch etwas zu warten, bis der Deckel der Küchenmaschine geöffnet wird, damit sich das Pulver etwas setzen kann. Für das feine Karottengrün reichen ca. 4 Stunden Dörrzeit bei 30 - 35°C, Kohlrabi, Sellerie, Spinat und Mangold brauchen etwa 2 Stunden länger, bis sie durchgetrocknet sind. Alternativ können auch die Stiele zusammengebunden und kopfüber an einem warmen und trockenen Ort so lange (mehrere Tage) luftgetrocknet werden, bis sich die Blätter leicht zwischen den Fingern zerreiben lassen.

Milchsaures (fermentiertes) Pulver

Aus milchsauer eingelegtem Gemüse lässt sich durch Trocknen ein Gewürzpulver der ganz besonderen Art herstellen. Reste von milchsauer eingelegtem Gemüse, z.B. Sauerkraut, mit der Schere zerkleinern und ca. 24 Stunden bei nicht mehr als 42°C trocknen. Dann im Mixer pulverisieren. Der intensiv-aromatisch herbe Geschmack veredelt Suppen, Salate, Smoothies, Saucen und Marinaden. Vorsicht bei der Dosierung: Ein Teelöffel fermentiertes Gemüsepulver entspricht etwa 4 EL des ursprünglichen Gemüsefermentes. Abb. 5.10: 250 g rohes Sauerkraut, mit der Schere zerkleinert und der Saft mit der Hand gut ausgepresst (ein köstliches und supergesundes Getränk!), ergeben, etwa 16 Stunden getrocknet, 20 g knackige Sauerkrautbrösel, die zu vitalstoffreichem Pulver gemahlen werden können. Der Sauerkrautgeschmack ist noch gut vorhanden.

Gemüsepulver als Farbstoff

Wer gerne selbstgemachte Pasta, herzhaftes Kleingebäck und Brot farbenfroh gestalten oder auch Fruchtsäfte einfärben möchte, kann dem Teig oder dem Saft Tomaten-, Spinat-, Karotten- oder Rote-Bete-Pulver beifügen. Auf 1 kg Teig etwa 4 TL Pulver geben. Spinat-, Karotten- und Rote-Bete-Pulver sind fast geschmacksneutral und deshalb auch für Kuchen und Kekse geeignet, bei Tomatenpulver ist der Eigengeschmack etwas stärker ausgeprägt.

5.10: Reste von milchsauer eingelegtem Sauerkraut, am Ende des Winters getrocknet und pulverisiert, eignen sich als vitalstoffreiches Ferment, z.B. in Smoothies oder als Topping auf Salaten.

Fruchtpulver

Fruchtpulver ist eine aromatische und farblich dekorative Zutat für Milch, Fruchtjoghurt, Smoothies, Müsli, Quark, Eis und Getreidebrei. Es eignet sich aber auch im Muffinteig, für süße Pfannkuchen oder als Bestandteil der Füllung von selbstgemachten Pralinen.
Fruchtjoghurt: Einen EL Fruchtpulver pro Becher Naturjoghurt einrühren und kurz quellen lassen. Evtl. etwas nachsüßen. Fertig!

Während getrocknete Früchte im Ganzen gut haltbar sind, zieht Fruchtpulver sehr schnell Feuchtigkeit an, am besten immer nur geringe Mengen herstellen, damit das Pulver nicht klumpt. ***Anhaltswert:*** 1 kg frische Früchte ergeben 70 - 100 g Pulver.

So wird's gemacht:

- Frische Früchte zerkleinern und im Mixer mit etwas Zitronensaft (so behalten sie ihre Farbe besser) pürieren. Tiefgefrorene Früchte in einem Sieb auftauen lassen (den Saft auffangen und anderweitig verwenden).
- Das Fruchtpüree auf ein mit Backpapier oder Antihaftfolie ausgelegtes Blech oder Dörrsieb dünn aufstreichen und im Backofen (Umluft) oder Dörrgerät zwischen 50 und 60°C bzw. bei maximal 42°C (Rohkostqualität) so lange trocknen, bis sich der Fruchtbrei nicht nur biegen, sondern brechen lässt, also steinhart ist. Das kann je nach Feuchtigkeitsgehalt der Früchte, Dicke des aufgestrichenen Pürees und Trocknungstemperatur bis zu 24 Stunden oder sogar länger dauern.
- Nun den getrockneten Fruchtbrei stückweise in der Kaffeemühle oder im Blitzhacker fein mahlen. Tipp: Wird der getrocknete Fruchtbrei etwa eine halbe Stunde lang tiefgekühlt, lassen sich die Stücke einfacher pulverisieren.
- Früchte haben einen höheren Zuckergehalt als Gemüse, deshalb kann das Pulver etwas klebrig bleiben. Sollte dies nach dem Pulverisieren der Fall sein, am besten noch für einige Zeit nachtrocknen. Dann in Gläsern mit dichtem Schraubverschluss lichtgeschützt und kühl aufbewahren. Das Pulver ist bis zu 6 Monate haltbar, wenn es gut trocken gehalten wird.

Pulver aus Trockenfrüchten und getrockneten Schalen

Um aus schon getrockneten Aprikosen, Feigen, Zwetschgen, Äpfeln usw. Pulver herzustellen, empfiehlt es sich, die Früchte in kleine Stücke zu schneiden und für eine kurze Zeit einzufrieren. Die gefrorenen Stücke lassen sich sehr viel besser im Mixer pulverisieren. Sollte noch etwas Restfeuchtigkeit vorhanden sein, das Pulver kurz nachtrocknen. Um das Aroma besser zu erhalten, sollte von den getrockneten Früchten bzw. den essbaren Orangen- und Zitronenschalen immer nur die gerade benötigten Mengen pulverisiert werden.

Apfelpulver

Kann als ballaststoffreiches, schwaches Süßungsmittel für Joghurt und Quark, Getreidebrei und Müsli verwendet werden.

Bananenpulver

Eine gute Resteverwertung: Überreife Bananen in dünne, gleichmäßige Stücke schneiden und so lange dörren, dass sie sich gut pulverisieren lassen. Ein EL Bananenpulver in warmer Milch aufgelöst, ergibt mit einem Hauch Zimt ein wunderbar tröstliches Getränk!

Himbeerpulver

300 g Himbeeren, frisch oder tiefgekühlt
1 EL Zitronensaft

Frische Himbeeren waschen, tiefgekühlte im Sieb auftauen lassen, den Saft anderweitig verwenden. Die Beeren im Mixer pürieren oder auf Backpapier/Dörrfolie mit einem Spatel oder der Rückseite eines Esslöffels flach zu einem Brei andrücken. So lange trocknen lassen, bis sich der erstarrte Himbeerbrei leicht brechen lässt. Dann mahlen. Wenn die kleinen Samen stören, können sie ausgesiebt werden.

Erdbeerpulver

300 g Erdbeeren, frisch oder tiefgekühlt
1 EL Zitronensaft

Erdbeeren etwa 16 Stunden lang bei 42°C trocknen und danach pulverisieren; ergibt ein ca. 35 g leichtes, sehr geschmacksintensives, nicht süßes Pulver. Gibt Kuchen- und Muffinteig eine tolle Farbe und schmeckt auch sehr gut auf Eis, Joghurt und Getreidebrei. Durch die Zugabe von Zitronensaft bleibt die Farbe besser erhalten.
Erdbeermilch: Je Tasse warme Milch 1 TL Erdbeerpulver einrühren. Honig nach Geschmack zugeben und so lange rühren, bis sich das Pulver aufgelöst hat.

Hagebuttenpulver

Hagebutten können von Ende Oktober bis ins Frühjahr geerntet werden, am besten nach dem ersten Frost, dadurch steigt der Zuckergehalt und der Geschmack wird mild-süßlich. Die Frucht ist reif, wenn die Schale bei leichtem Fingerdruck etwas nachgibt und sich die Früchte leicht lösen lassen. Für das Pulver vollreife, gesunde Früchte verwenden. Getrocknete Hagebutten (siehe S. 18/19) nur in kleinen Mengen pulverisieren und als Vitamin C-reiche Zutat im Winter über Müsli, Joghurt oder Desserts geben, in Kaltgetränke einstreuen oder Salate damit anreichern. 2 gehäufte Teelöffel Hagebuttenpulver pro Tag gelten als gutes, abwehrstärkendes Gesundheitselexier im Winter.

Orangen-, Limonen- und Zitronenschalenpulver

Das Pulver von Zitrusfrüchten wird auch als Sonnenschein im Glas bezeichnet. Die als essbar ausgewiesenen Schalen von Orangen und Zitronen, mit einem Sparschäler dünn entfernt (nicht das Weiße benutzen, es schmeckt bitter), können gut luftgetrocknet werden. Einfach die Schalen klein schneiden, auf ein Tablett oder Trockensieb geben und an einem warmen Ort etwa 2 Tage lang trocknen, bis sie sich brechen lassen. Zu Pulver zerkleinert gibt das feinherbe Aroma Kuchen (1-2 TL Pulver pro kg Teig) einen delikaten Geschmack. Würzt Salate, Fisch oder Gemüse und aromatisiert Suppen, Saucen und Eintöpfe (1 TL Pulver für etwa 0,2 l Flüssigkeit). Tipp: 2 TL oder 1 EL Zitronenpulver, mit warmen Wasser verrührt, kann als Zitronensaftersatz dienen, der schnell bei der Hand ist. Zitronenpulver ist auch ein guter Salzersatz.
Getrocknete und gemahlene Orangen-, Zitronen-, Mandarinen- und Limonenstücke geben Cremefüllungen einen besonderen Pfiff.

5.11: Viel zu schade, um entsorgt zu werden: Zitronenschalen, getrocknet und pulverisiert, aromatisieren süße und herzhafte Speisen.

5.12: Fruchtpulver: Auch fein und dekorativ zum Umhüllen von selbstgemachten Schokotrüffeln. Von links nach rechts: Bananen-, Erdbeer- und Himbeerpulver.

5.11

5.12

Aromatisierte Salze

Früher war Salz einfach nur Salz, heute kann Salz mit allerlei pflanzlichen Zusätzen verfeinert werden, um so neue Aromen zu schaffen.
Aromatisierte Salze sind nicht nur lecker auf Butterbrot, im Rührei oder im Quark, sie passen generell zu allen Speisen, bei denen neben einer oder mehreren Prisen Salz eine zusätzliche Geschmacksnote wünschenswert ist. Aus Gemüse- und Kräuterpulver sind aromatisierte Salze sehr einfach herzustellen. Sie haben zudem den Vorteil, dass die reine Salzzugabe durch die aromatische Würze sparsamer dosiert werden kann. Gewürzte Salze sollten lichtgeschützt und kühl (unter 25°C) aufbewahrt werden.
Apropos Salz: Es besteht ein nicht unwesentlicher, auch geschmacklicher Unterschied zwischen dem handelsüblichen Koch- oder Tafelsalz und dem grobkörnigen natürlichen Meer- und Steinsalz mit seinen Varianten Himalayasalz, Fleur de Sel (das edelste und teuerste Salz) und Rotes Hawaiisalz, um nur einige zu nennen. In Meersalz werden aufgrund der zunehmenden Belastung der Weltmeere leider zunehmend Mikroplastik und andere Schadstoffe gefunden, so dass viele Menschen auf dessen Verwendung verzichten. Steinsalz dagegen wird im Berg aus großer Tiefe abgebaut und gilt als unbelastet von heutigen Umwelteinflüssen. Das rosagetönte Himalaya-Steinsalz hat allerdings einen langen Transportweg hinter sich, bis es auf unseren Tellern landet. Die gute Botschaft: Auch in Deutschland wird Steinsalz abgebaut, es ist also in naturbelassener Qualität durchaus preisgünstig erhältlich.
Aromatisierte Salze halten mindestens 1 Jahr, sind aber natürlich auch danach noch gut verwendbar, wenngleich das Aroma nachlässt.
Blütensalz siehe S. 63.

5.13: Durch Mischen mit Kräutern und Gewürzen können vielerlei aromatisierte Salze hergestellt werden.

Kräutersalz

Grundsätzlich eignen sich die meisten Kräuter, um Salz zu verfeinern. Je nach Vorliebe können dem Salz mediterrane Kräuter wie Rosmarin, Thymian, Basilikum und Oregano oder Kräuter wie Bärlauch, Petersilie, Schafgabe, Estragon, Liebstöckel (Maggikraut), Zitronenmelisse, Zitronenthymian, Salbei, Dill, Kerbel usw. zugegeben werden.
Die Kräuter waschen, gut trockentupfen, Stangel entfernen und in kleine Stücke schneiden. Im Mixer pürieren und sorgfältig mit dem Salz vermischen. Empfohlenes Mischungsverhältnis: Pro 100 g frische Kräuter 200 g Salz. Das Kräuter-Salz-Gemisch entweder für ein paar Stunden im Dörrgerät auf Backpapier/Dörrfolie bei 30°C trocknen oder auf einem mit Küchenpapier ausgelegten Backblech ausbreiten und ein bis zwei Tage im Sommer im Schatten trocknen bzw. in der kühleren Jahreszeit an einem warmen Ort (z.B. in der Nähe eins Heizkörpers). Dabei immer wieder wenden und lockern, damit das Kräutersalz gleichmäßig trocknet. Das Aroma der Kräuter überträgt sich dabei etwas stärker auf das Salz, als wenn Kräutersalz mit getrockneten Kräutern hergestellt wird.
Die haben wiederum den Vorteil, dass aromatisiertes Salz unabhängig von der Jahreszeit hergestellt werden kann. Grober Richtwert für das Mischungsverhältnis: Pro 100 g Salz 20 bis 25 g getrocknete Kräuter. Wer mit Salz sparsamer umgehen möchte, bevorzugt für 100 g Kräutersalz vielleicht eher ein Mischungsverhältnis von 75 g Salz pro 25 g Trockenkräuter. Durch Zugabe verschiedener Kräuter können ganz interessante Mischungen entstehen – Hauptsache, das Salz schmeckt!
Kräutersalze am besten in dunklen, gut verschließbaren Gläschen aufbewahren. Tipp: Salz zieht leicht Feuchtigkeit an, einige Reiskörner im Salzstreuer können dies verhindern. Aromatisiertes Salz am besten innerhalb eines Jahres aufbrauchen.

Bärlauchsalz

150 g Bärlauchblätter, frisch
300 g naturbelassenes Salz

Bärlauch waschen, gut trockentupfen, Stängel entfernen und in kleine Stücke schneiden. Im Mixer pürieren und mit dem Salz vermengen, bis sich das Salz grün färbt. Auf einem mit Küchenpapier ausgelegten Backblech ausbreiten und ein bis zwei Tage im Freien trocknen (nicht in der prallen Sonne). Ab und zu lockern und wenden, damit das Kräutersalz gleichmäßig trocknet.
Alternativ die Blätter kleinschneiden und auf Sieben im Dörrgerät bei ca. 30 - 35°C trocknen. Dann grob mahlen und mit dem Salz vermischen (Mischungsverhältnis siehe S. 61).
Kühl und dunkel aufbewahren.

Basilikumsalz

100 g Basilikum, frisch
200 g naturbelassenes Salz
3 Knoblauchzehen

Basilikumblätter und Knoblauchzehen im Mixer pürieren, mit dem Salz vermischen und trocknen wie Bärlauchsalz, siehe oben.

Gemüsesalze

Selleriesalz

1 kleinere Sellerieknolle (ca. 500 g) mit Blättern
200 -250 g naturbelassenes Salz

Die Sellerie schälen, zerkleinern und die Knolle pürieren, das Selleriegrün in kleine Stücke schneiden. Das Knollenpüree und die Blätter 12 bis 14 Stunden (Blätter weniger lang) im Dörrgerät bei 42°C trocknen, dabei mehrmals wenden, bis der Brei völlig durchgetrocknet ist. Das Grün ist gut durchgetrocknet, wenn die Blätter rascheldürr sind und bröseln. Im Blitzhacker nacheinander das Blattgrün und das Knollenpüree zu Pulver zermahlen, dann mit dem Salz vermischen. Passt sehr gut zu Suppen und Eintöpfen, zu Ragouts und in Kartoffelpüree.

Italienisches Tomatensalz

80 g Tomaten, getrocknet
5 g Rosmarin, getrocknet
5 g Basilikum, getrocknet
5 g Bohnenkraut, getrocknet
5 g Thymian, getrocknet
400 g naturbelassenes Salz

Kräuter und Salz gut vermischen und pulverisieren.

Pilzsalz

50 g getrocknete Pilze
100 g naturbelassenes Salz

Pilze und Salz im Mixer oder in einer Kaffeemühle fein mahlen, im Glas trocken und lichtgeschützt aufbewahren. Es bietet sich an, dafür die zähen, sehr aromatischen Pilzstiele zu verwenden. Pilzsalz passt sehr gut zu Gemüse-, Kartoffel- oder Kürbissuppe, verfeinert auch Saucen und schmeckt lecker zu Rührei.

„Wir mischen ungefähr drei bis fünf verschiedene getrocknete Kräuter pro Kräutersalz zusammen, bereiten kleinere Mengen im Mörser zu und wechseln ständig die Kräutermischungen. Einige Mischungen beinhalten auch Baumblätterpulver oder pulverisierte Wurzeln. Diese Kräutersalzmischungen können nach therapeutischen Gesichtspunkten zusammengestellt werden, wie z.B. für Entschlackungskuren oder aufbauende Therapien usf.
Die Palette ist beliebig ausweitbar. Eine Mölltaler Kräuterfrau verwendete alle im Garten anfallenden Wildpflanzen des „Jätguts" für das Kräutersalz. Insgesamt handelt es sich um ca. 30 Wildpflanzen, welche sie getrocknet gemeinsam mit dem Salz zu einem grauen Pulver zermörsert und nach dem Absieben der gröberen Anteile in Gläsern lagert. Dieses unvergleichlich gehaltvolle Kräutersalz wird weitum von Feinschmeckern bezogen."
Aus: „Speisekammer aus der Natur" von Michael Machatschek und Elisabeth Mauthner, Wien 2015, S. 281. Ein sehr interessantes Werk!

Zwiebelsalz

50 g Zwiebeln, getrocknet (siehe S. 43)
200 g naturbelassenes Salz

Zwiebeln pulverisieren und mit dem Salz vermischen. Zum Würzen von Gemüsegerichten, Fisch und Fleisch.

5.14: Aromatisiertes Salz ist ein nettes Mitbringsel.

5.15: Blütensalz mit Gewürzkräutern und Schafgarben-, Rosen-, Ringelblumen-, Kornblumen- und Holunderblüten.

Blütensalz

Wer besondere Geschmacksnoten mag, kann getrocknete Blüten auch mit Salz mischen, z.B. von Pflanzen wie der Rose, Malve oder Lavendel. Ungefähres Mischverhältnis: Pro 80 bis 100 g naturbelassenes Salz etwa 1 gehäufter EL getrocknete Blüten. Die getrockneten Blüten mit dem Salz mischen und alles im Stabmixer (oder portionsweise im Mörser) fein zermahlen, um große Blütenstücke und grobkörniges Salz gut zu zerteilen. Lichtgeschützt, trocken und nicht zu warm aufbewahren.

Lavendelsalz: Passt gut zu Fisch, Lamm und Gemüse

Rosensalz: Passt gut zu Fisch, Quark, orientalischen Gerichten und kurzgebratenem Fleisch

Malvensalz: Gibt dem Salz eine fein-säuerliche Note

Südfrüchtesalz

Wichtig ist, nur die Schalen von ungespritzten Zitronen und Orangen zu verwenden, die ausdrücklich als zum Verzehr geeignet deklariert sind. Trotzdem die Südfrüchte gründlich unter heißem Wasser waschen. Trocknen und die Schale mit einer feinen Küchenreibe entfernen. Nur die dünne oberste Schicht abreiben, die weiße Schicht darunter hat einen bitteren Geschmack. Die Schalen fein zerschneiden, auf Küchenpapier ausbreiten und an einem warmen Platz gut durchtrocknen lassen. Dann mit Salz vermischen und mit dem Stabmixer oder im Mörser fein zermahlen. Grober Richtwert für das Mischungsverhältnis: Die Schale einer Zitrone/Orange pro 75 g Salz. Möglichst in dunkle Gläschen abfüllen und nicht zu warm aufbewahren.

Zitronensalz: Passt gut zu Fisch, Currys, mediterranen Gemüsepfannen, zu orientalischen Gerichten, in Tomatensauce, in Hühnerbrühe, zu Salat und Pasta. Zitronensalz kann geschmacklich weiter variiert werden, z.B. mit Oregano, Rosmarin, Chili, Kurkuma oder Lavendel

Orangensalz: Passt gut zu Salat, Fisch und Karotten.

Zitronen-Rosmarinsalz: 75 g naturbelassenes Salz, getrockneter Schalenabrieb einer Zitrone, 1 TL Rosmarin, getrocknet

Zitronen-Zitronenthymian-Salz: 75 g naturbelassenes Salz, getrockneter Schalenabrieb einer Zitrone, 1 TL Zitronenthymian, getrocknet

Orangen-Thymian-Salz: Getrockneter Schalenabrieb einer Orange, 75 g Natursalz, 1 TL Thymian, getrocknet.

Tipp: Kuchen und andere Süßspeisen können mit Orangen- oder Zitronenzucker verfeinert werden, indem pro 100 g Zucker der getrocknete Schalenabrieb einer Orange oder Zitrone zugegeben wird.

6 Gemüsechips

Knusprige Chips aus dem Laden sind verführerisch und können suchtbildend wirken, sind aber im Hinblick auf ihre Inhaltsstoffe nicht wirklich empfehlenswert, da sie meist mit viel künstlichen Geschmacksverstärkern und anderen ungesunden Zutaten angereichert sind. Die gute Botschaft: Gesunde Chips können leicht selbst gemacht werden! Und selbst Kinder werden die fettigen Kartoffel- oder Gemüsechips aus käuflicher Tütenware kaum mehr vermissen, wenn sie mal in den Genuss von knusprigen selbstgemachten Chips aus Möhren, Grünkohl, Rote Bete und Co. gekommen sind. Deren Vorteil: Sie schmecken gut und machen nicht dick, auch wenn regelmäßig kräftig zugelangt wird. In gut verschlossenen Gläsern, Kunststoffdosen oder –beuteln behalten getrocknete Gemüsechips ihre Konsistenz ein paar Tage lang.
Wie knusprig die selbstgemachten Gemüsechips durch das Dörren letztlich werden, hängt im wesentlichen nicht nur von der Art des Gemüses und der Dicke der Scheiben ab - je dünner, desto besser-, sondern ganz wesentlich auch von der Temperatur, bei der sie gedörrt werden. Je nach Wassergehalt verlieren die Gemüse durch das Dörren 70 bis 90% ihres Gewichtes.
Bei der eigenen Herstellung von Gemüsechips kann sehr kreativ mit Gewürzen und anderen Zutaten experimentiert werden, bis die ultimative Geschmacksrichtung gefunden ist. Generell empfiehlt sich aber - nicht nur um das Aroma des Gemüses zu erhalten - eher sparsam zu würzen und zu bedenken, dass die Gemüsestücke stark schrumpfen, der Gewürzanteil aber gleich bleibt! Besser ist, lasch schmeckende Chips einfach mit etwas Salz und Pfeffer oder scharfem Paprikapulver nachzuwürzen.
Fett ist zwar nicht unbedingt nötig, die Zugabe von etwas gutem Öl als Geschmacksträger schadet aber sicherlich nicht. Außerdem lassen sich trockene Gewürze mit Öl gut zu einer Marinade vermischen.

Marinaden für Gemüsechips z.B. :

- Olivenöl, Mandelmus, Kreuzkümmel, Meersalz
- Olivenöl, Hefeflocken, Meersalz
- Olivenöl, Zitronensaft, Sesammus, Meersalz
- Olivenöl, Sojasauce, Knoblauchpulver
- Honig, Senf, Essig
- Mandelmus, Kreuzkümmel

6.2

6.1: Guter Rohstoff für die eigene Chipsherstellung.

6.2 und 6.3: Grünkohl vor und nach dem Dörren.

6.1

6.3

6.4

6.5

6.6

6.4: Von oben nach unten: Wirsing, Kürbis, Rote Rübe, Spitzkohl, Weiße Rübe

6.5: Blumenkohl und Brokkoli.

6.6: Kürbis.

6.7 - 6.9:
Toppings auf Salaten: Karotte (6.7), Brokkoli (6.8), Rote Rüben (6.9)

6.10: Kartoffelchips auf Bärlauchsuppe.

- Sesammus, Knoblauchpulver, Salz, Pfeffer
- Geriebener Parmesan, Olivenöl, Rosenpaprika
- Harissa

Trockene Gewürze für stark wasserhaltige Gemüse, z.B.
- Pfeffer, (Kräuter-)Salz
- Paprikapulver, Muskat, Meersalz
- Chilipulver

Außer als Knabbersnack können Gemüsechips natürlich auch Speisen appetitlich aufwerten, wie Suppen, Salate (Abb. 6.7-6.10), püriertes Gemüse .... Und köstlich schmecken Gemüsechips zu selbstgemachten Dips.

Bei den meisten der nachfolgenden Rezepte ist das Gewicht der getrockneten Gemüsestücke angegeben. Je nachdem, wie große Mengen Chips hergestellt werden sollen - einfach den Anteil an Frischgemüse, an Gewürzen und sonstigen Zutaten vervielfachen.

6.7

6.8

6.9

6.10

Knusprige Chips in Rohkostqualität

Die Herstellung ist einfach: Am schnellsten trocknen die Gemüse natürlich, wenn sie in hauchdünne (ca. 1 bis 1,5 mm dicke Scheiben oder Streifen) gehobelt werden.
Wenn möglich, sollte im Backofen (falls eine so geringe Temperatur überhaupt eingehalten werden kann) oder im Dörrgerät bei einer Temperatur von höchstens 42°C (Rohkostqualität) getrocknet werden, um die Vitamine, Mineralstoffe, Spurenelemente und Enzyme in den Gemüsen bestmöglich zu erhalten. Sollen die Gemüse darüber hinaus aber auch noch richtig knusprig sein, so gelingt das der Autorin allerdings bei solch niedriger Temperatur nur bei einigen Gemüsearten, wie z.B. bei Grünkohl, Wirsing und Spinat (siehe unten). Knuspriger Hochgenuss in Rohkostqualität!

Grünkohlchips

150 g Grünkohlteile, geputzt
1 EL Olivenöl
1 gestr. EL Erdnussmus
1 gestr. TL Meersalz,
1TL Paprikapulver, süß

Die gründlich gewaschenen Grünkohlblätter - in den gekräuselten Blatträndern setzt sich gerne Erde ab - trockentupfen. Dazu entweder eine Salatschleuder benutzen oder die Blätter zwischen 2 flach ausgebreiteten Küchentüchern mit den Händen trocken drücken. Mit einer Schere die harten Mittelstiele der Blätter entfernen, dann die Kohlstücke kleiner zupfen. Öl, Erdnussmus, Salz und Paprikapulver miteinander verrühren. Die Kohlstücke in eine Schüssel geben und die Marinade mit den Händen einkneten.
Auf 2 Gittersieben verteilen und bei 42°C 6 bis 8 Stunden trocknen. Ergibt ca. 45 g knusprige Chips.

Grünkohlchips-Variante

100 g Grünkohl, geputzt
1,5 EL Öl
½ TL getrockneter Knoblauch, gemahlen
½ TL Paprikapulver, süß
1 TL Sojasauce

Zubereitung siehe oben. Ergibt ca. 30 g Chips.

Wirsing

150 g Wirsing
1 EL Mandelmus
Etwas Zitronensaft
Schwarzer Pfeffer aus der Mühle

Wirsingblätter waschen, die dicken Mittelrippen entfernen, die Blätter in mundgerechte Stücke reißen und in eine Schüssel geben. Mandelmus und Zitronensaft vermischen, mit Pfeffer abschmecken und die Wirsingblätter damit gut vermengen. Bei 42°C ca. 8 Stunden trocknen. Öfters drehen. Die Wirsingchips sind knusprig und haben durch die Marinade einen leichten Nussgeschmack. Sehr lecker! Ergibt ca. 45 g Wirsingchips.

Spinat

100 g Spinatblätter ohne Stiele
1 TL Meerrettichsenf
1 Prise Zucker

Die Spinatblätter etwas zerkleinern. Meerrettichsenf und Zucker miteinander vermischen und in die Spinatblätter einkneten. Eine Stunde bei 60°C dörren, dann 7 Stunden bei 42°C. Häufiger wenden. Danach ist die Konsistenz der Spinatblätter papierdünn und sehr knusprig. Ergibt ca. 25 g Chips. In länger aufbewahrtem Spinat wird das Nitrat, das im Spinat natürlicherweise enthalten ist, von Bakterien in giftiges Nitrit umgewandelt. Also bald verknuspern und besser nichts davon Kleinkindern geben. Schmeckt ausgesprochen gut! Nach dem Verzehr Vorsicht beim Lachen: Kleine grüne Spinatpartikel bleiben überall zwischen den Zähnen hängen!

Fast knusprige Chips in Rohkostqualität

Von der Konsistenz her etwas fester als die käuflichen Gemüsechips, aber nicht ganz so knusprig werden hauchdünn geschnittene Kohlrabi, Süßkartoffeln, Pastinaken, Rote Beten, weiße und rote Rüben und Karotten. Werden diese Gemüse etwa 10 bis 12 Stunden bei einer Temperatur bis 42°C getrocknet, bleiben sie ein klein wenig ledrig, das jeweilige Gemüsearoma ist dafür aber noch gut vorhanden. Sie länger zu trocknen bei dieser niedrigen Temperatur macht nicht viel Sinn, die Gemüse werden auch dann nicht knuspriger, sondern nur härter und geschmackloser.
Nicht wirklich überzeugend im Geschmack sind Chips aus Brokkoli und Blumenkohl in Rohkostqualität, d.h. Dörrtemperatur bei 42°C, im Internet auch gern als „Blumenkohl-Popcorn" bezeichnet. Mehrere Versuche der Autorin bei 10 Stunden Trocknung brachten nur ledrige Ergebnisse. Bei einer Dörrtemperatur von 70°C und einer Dörrzeit von 8 Stunden wurden die Gemüse dagegen zwar knusprig, der Eigengeschmack ging aber weitgehend verloren, bei Blumenkohl noch mehr als bei Brokkoli (siehe. S. 72/73).

Rote Bete

300 g Rote Bete (2 mittelgroße Knollen)
2 gehäufte TL Feigensenf
1 gestr. TL schwarzer Pfeffer
½ TL Salz

Die Rote Bete-Knollen schälen und in dünne Scheiben hobeln. Vorsicht: Saftspritzer auf Stoff bringen üble Flecken! Am besten während des Zubereitens Handschuhe tragen, die Rotfärbung der Hände ist nur durch sehr kräftiges Schrubben der Hände zu entfernen. Senf, Salz und Pfeffer verrühren und mit den Rote Bete-Scheiben gut vermischen. Die Marinade ergänzt den erdigen Rote-Bete-Geschmack sehr vorteilhaft und schafft zudem ein etwas pfeffriges Aroma. Nach 12 Stunden Trocknung bei 42°C sind die Gemüsestücke fast knusprig (längeres Trocknen nützt nichts!). Ergibt ca. 40 g Chips.
Alternative Marinade, einfach aber gut: Meerrettichsenf mit Pinsel dünn aufstreichen.

6.10: Für den Chips-Abend (von oben links bis unten rechts): Kartoffeln, Rote Rüben, Wirsing, Kürbis, Weiße Rüben, Pastinake und Möhre, Kohlrabi, Rote Bete.

Weißer Rettich

150 g weißer Rettich
1 TL mildes Kräutersalz,
1 TL Paprika, süß

Rettich schälen und fein hobeln. Kräutersalz und Paprika vermischen und mit dem Pinsel auf die auf dem Dörrgerät ausgelegten Rettichscheiben streichen. 6 Stunden dörren (nach 3 Stunden wenden) bei 42°C. Ergibt ca. 20 g Chips. Fein als Croutons (Topping) auf Salat. Fast knusprig, ein leichter Rettichgeschmack bleibt erhalten.

Roter Rettich

150 g roter Rettich
½ TL Curry
1 TL mildes Kräutersalz

Rettich schälen und fein hobeln. Gewürze mischen und in einer Schüssel mit dem Rettich gut vermengen. 6 Stunden dörren (nach 3 Stunden wenden). Ergibt ca. 20 g Rettichchips. Fein als Croutons auf Salat oder als Dekoration auf herzhaften Speisen.

Wer bei Gemüsechips bereit ist, auch eine mehr oder weniger ledrige Konsistenz hinzunehmen, dafür aber auf Rohkostqualität nicht verzichten mag, dem sagen vielleicht die folgendermaßen hergestellten Chips zu:

Butterrübenchips

150 g Butterrübe
2 TL Paprika edelsüß
1 TL schwarzer Pfeffer
½ TL Salz
3 TL Olivenöl

Die Butterrübe schälen und in dünne Scheiben hobeln. Die Gewürze mit dem Olivenöl verrühren und die Marinade mit Pinsel auf die Rübenscheiben aufstreichen. Bei 42°C etwa 10 Stunden dörren. Ergibt 25 g sehr würzige Chips.

6.11: Ein Dreamteam:
Wirsing- und Grünkohlchips in Rohkostqualität.

6.12: Getrocknete Butterrüben.

6.13: Spinat dörren.

6.14: Kürbis und Rote Bete.

6.15: Pastinakenchips.
6.16: Süßkartoffelchips.

Pastinake

150 g Pastinake
½ TL Chili
½ TL schwarzer Pfeffer
½ TL Salz

Die Pastinake schälen und in dünne Scheiben hobeln. Chili, Pfeffer und Salz miteinander vermengen und mit dem Pinsel auf die auf ein Dörrsieb ausgelegten Gemüsescheiben streichen. Nach 12 Stunden Trocknung bei 42°C ist die Konsistenz etwas ledrig, das Aroma leicht süßlich.
Ergibt ca. 45 g Chips.

Salatgurkenchips pur

Gurken haben einen hohen Wasseranteil, lassen sich aber dennoch gut trocknen. Gurkenchips passen gut zu Dips, besonders zu Hummus (Kichererbsenpaste), aber auch als Garnitur auf Salaten. Möglichst kleine, feste und schlanke Gurken mit dünner Haut ohne ausgeprägte Samenbildung wählen. Waschen und in 0,5 dicke Scheiben schneiden, bei 42°C mindestens 6 Stunden trocknen.

Kohlrabichips

250 g Kohlrabi
2 TL Meerrettichsenf
½ TL süßer Paprika

Kohlrabi schälen und in dünne Scheiben schneiden, eventuell halbieren. Paprikapulver in den Senf einrühren und von Hand mit den Kohlrabischeiben vermengen. Bei 42°C etwa 12 Stunden dörren. Ergibt ca. 25 g Chips.

Kürbis

150 Kürbis (z.B. Hokkaido)
1 TL Sojasauce

Kürbis teilen, Kürbisstück waschen und in Streifen hobeln. Die Streifen auf das Dörrsieb geben und mit der Sojasauce bepinseln. Nach 3 Stunden drehen. Dörrzeit ca. 10 Stunden. Bei 42°C getrocknet, ist der Kürbisgeschmack noch vorhanden, die Konsistenz der Chips etwas ledrig.
Ergibt ca. 25 g Chips.

Knusper-Chips

Rohkostqualität kontra Trocknungszeit. Wer auf Rohkostqualit beim Chipsverzehr verzichtet, kann natürlich im Backofen auf mit Backpapier ausgelegten Blechen bei 120°C Umluft in ca. 40 bis 50 Minuten knusprige Gemüsechips herstellen. Damit die Feuchtigkeit aus den Gemüseteilen abgeführt wird, sollte die Ofentür einen kleinen Spalt offenstehen (einen Kochlöffel dazwischen klemmen). Ab und zu nachschauen, damit nichts anbrennt. Mit ein wenig gutem Olivenöl beträufelt und nach Geschmack gewürzt (siehe S. 65/66) ist Gemüse aller Art geeignet, von Aubergine bis Zucchini. Im Internet sind unzählige Rezeptvarianten für knusprige Gemüsechips in vielen Geschmacksrichtungen zu finden, deshalb werden hier nur einige einfache Basisrezepte aufgeführt, die auch im Dörrgerät bei 70°C in einigen Stunden hergestellt werden können (siehe unten).
Auch hier wieder gilt: Je dünner die Scheiben sind, desto knuspriger werden die Chips. Die Stü-

cke lange genug trocknen, mehrmals wenden und darauf achten, dass die Gemüseteile nicht übereinanderliegen.

Pastinake

150 g dünne Pastinakenscheiben
1 geh. EL Meerrettichsenf

Die Süße der Pastinake wird durch das Dörren stärker ausgeprägt und verbindet sich sehr harmonisch mit dem Geschmack des Meerrettichsenfes. Die Menge ergibt nach einer Dörrzeit von 8 Stunden bei 70°C etwa 60 g sehr knackige Chips. Pastinaken sind absolut zur Chips-Herstellung zu empfehlen!

Roter Rettich

200 g roter Rettich
1 EL Öl
⅓ TL Paprika scharf
⅓ TL Pfeffer
1 Prise Salz

Nach einer Dörrzeit von knapp 6 Stunden bei 70°C sind die Rettichstücke sehr knusprig und haben einen so angenehmen Geschmack, dass frau/mann gerne mehr davon hat. Ergibt 15-18 g Chips.

Kürbis

150 g Kürbis
1 EL Öl
½ TL Paprika edelsüß
½ TL Pfeffer
1 Messerspitze Salz

Bei einer Temperatur von 70°C beträgt die Dörrzeit etwa 8 Stunden. Ergibt 25 g Chips, sehr würzig, gut für alle Menschen, die es lieber etwas schärfer haben. Angenehmer Chipsgeschmack, das Kürbisaroma ist noch spürbar, trotzdem knusprig.

Kartoffelchips

Nach wie vor sind Chips aus Kartoffeln die beliebtesten. Ist es möglich, aus rohen Kartoffeln Chips zu trocknen? Bei 130 bis 150°C gelingt das im Backofen in kurzer Zeit gut. Aber ist das auch mit geringeren Temperaturen möglich?
Allgemein herrscht die Auffassung, dass rohe Kartoffeln giftig sind. Das sind sie nicht, in Maßen verzehrt, sofern man nicht mehrere Kilo rohe und ungeschälte Kartoffeln auf einmal verspeist. Kartoffeln enthalten Alkaloide, das sind Bitterstoffe, mit denen die Kartoffel sich vor Schädlingen und Fressfeinden schützt und die auch für Menschen nicht bekömmlich sind. Deshalb ist es wichtig, alle grünen und grünlichen, sowie keimende Teile zu entfernen; auch direkt unter der Schale sammeln sich viele Bitterstoffe an.
Kartoffelchips in Rohkostqualität? Bei 42°C getrocknet, schmecken die Kartoffelstücke auch nach sehr langer Trocknungszeit noch immer fast wie rohe Kartoffeln. Fazit: Es lohnt sich nicht. Aber die gute Botschaft: Bei knapp 70°C und 5 Stunden im Dörrgerät ist es möglich, richtig knusprige, feine Kartoffelchips herzustellen. Sie schmecken etwas gehaltvoller als die gekauften und sind natürlich längst nicht so fettig.

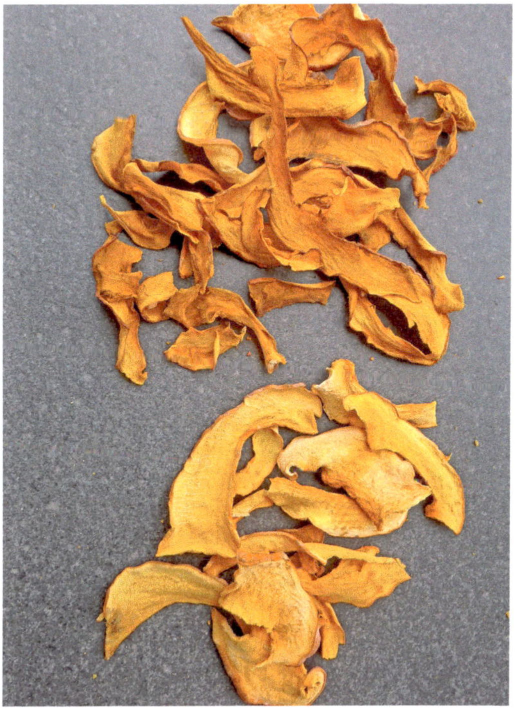

6.17:
Kürbis bei 70°C (oben) und bei 42°C gedörrt (unten).

Knusprige Kartoffelchips

250 g Kartoffeln
½ TL Paprika scharf
½ TL Paprika edelsüß
½ TL Salz
1 TL Olivenöl
½ TL Knoblauch, gemahlen
½ TL Kreuzkümmel

Die Kartoffeln schälen und fein raffeln. Alle grünen und keimenden Stellen (siehe S. 71) entfernen. Das Öl und die Gewürze miteinander vermengen. Kartoffelscheiben in eine Schüssel geben und mit der Öl-Gewürz-Marinade gut vermischen. Ergibt nach 5 Stunden im Dörrgerät bei 70°C etwa 35 g knusprige Kartoffelchips. Wer's gerne richtig scharf und würzig hat, ist bei der Zugabe der Gewürze etwas großzügiger.

6.18: Knusprige Kartoffelchips bei 70°C gedörrt – perfekt!

Mix-Chips

150 g weiße Rübe
150 g Kürbis
1 gestr. EL. Erdnussmus
½ TL Kokosblütenzucker
3 TL Sojasauce

Weiße Rübe schälen und in feine Scheiben hobeln. Kürbisstück waschen, in Streifen hobeln. Erdnussmus, Kokosblütenzucker und Soja miteinander verrühren und mit den Rübenscheiben und den Kürbisstreifen gut vermengen. Bei 70°C etwa 5 Stunden dörren. Der Geschmack der weißen Rübenscheiben ist nicht sehr ausgeprägt, die Kürbisstreifen haben ein intensiveres Aroma.
Ergibt 45 bis 50 g Chips.

Blumenkohl

150 g Blumenkohl
1 EL Olivenöl
½ TL Salz
1 TL Paprika, süß

Blumenkohl in kleine Röschen teilen, waschen, trockentupfen und ebenso die dicken Stiele quer in etwa 0,5 cm dünne Scheiben schneiden. Olivenöl mit dem Paprika und Cayennepfeffer mischen und mit den Blumenkohlteilen vermengen. 8 Stunden dörren bei 70°C. Ergibt ca. 20 g knusprige, aber zum Teil sehr kleine Chips. Der an sich wenig ausgeprägte Blumenkohlgeschmack ist verschwunden, die einfache Gewürzmischung ist wohlschmeckend und auch für Chips aus anderem Gemüse gut geeignet.

6.19: Blumenkohl bei 42°C (links) und bei 70°C (rechts) gedörrt.

6.20

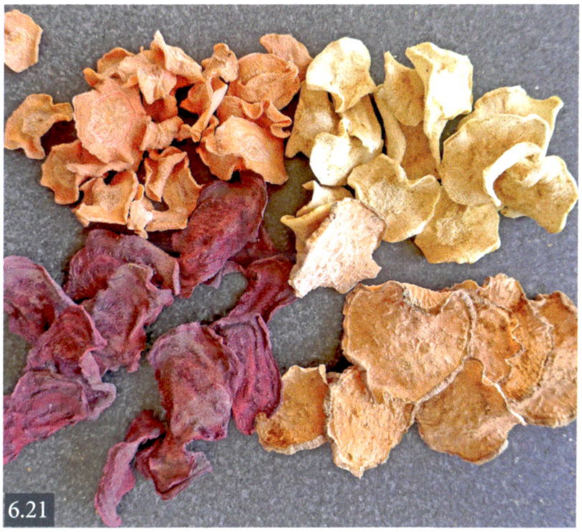

6.21

6.20: Gekaufte Gemüsechips-Mischung: Was ein Blick auf die Nährwerttabelle und die Zutatenangaben zeigt: Je weiter vorne in der Zutatenliste Fett und Zucker aufgeführt sind, desto mehr davon enthält das Produkt. 100 g gekaufte Gemüsechips, auch in Bioqualität, enthalten zwischen 30 und 35 g Fett. Das spiegelt sich natürlich auch im Kaloriengehalt wider. So haben 100 g Chips gern mal zwischen 500 und 550 kcal. Die Chips bestehen oft aus Pastinaken, Karotten, Rote Bete und Süßkartoffeln. Durch das Frittieren/Backen kommt der Eigengeschmack der Gemüse wenig zur Geltung, am ehesten noch bei Rote Bete Chips.

6.21: Selbst hergestellte Chips aus den gleichen Gemüsearten. Irgendwie sehen die doch nicht so fett aus wie gekaufte, oder?

Brokkoli

150 g Brokkoli
1 EL Olivenöl
2 Prisen Salz
½ TL schwarzer Pfeffer

Brokkoli in kleine Röschen teilen, waschen und trockentupfen. Die dicken Stängel schälen und in ca. 0,5 cm dicke Scheiben schneiden. Zubereitung wie Blumenkohl, der Brokkoligeschmack ist ein wenig stärker ausgeprägt als der von Blumenkohl, die Chips sind deshalb etwas aromatischer.

Fettarme Chips für Eilige

Backofen auf 120°C vorheizen. Ca. 700 g Gemüse (Kartoffeln, Rote Bete, Karotten…) schälen und in feine Scheiben hobeln. In einer Schüssel mit 1 EL Olivenöl und einer reichlichen Prise naturbelassenem Salz gut vermischen. Auf einem mit Backpapier belegten Backblech locker verteilen und etwa 30 Minuten lang backen. Dabei ab und zu die Ofentür öffnen, damit Feuchtigkeit entweichen kann. Nach etwa 25 Minuten Backzeit mit frischem Thymian oder Rosmarin bestreuen. Die Chips sind fertig gebacken, wenn sie sich leicht wellen. Aus dem Ofen nehmen und abkühlen lassen, danach sind die Chips knusprig. Nach Bedarf mit Salz, Pfeffer, Paprika etc. nachwürzen.

Vergolden – nicht verkohlen

Seit April 2018 gelten konkrete Vorgaben für die Gastronomie und Lebensmittelproduzenten bezüglich der Verarbeitung von Pommes, Chips und Backwaren. So soll der Gehalt an dem unter Krebsverdacht stehenden Stoff Acrylamid verringert werden.
Acrylamid entsteht, wenn stärkehaltige Lebensmittel wie Kartoffeln oder Getreide über 120°C erhitzt werden, um eine schöne Kruste zu erhalten.

7 Kräuter, Blüten, Wurzeln

Frische Kräuter sind gewöhnlich nur zu bestimmten Jahreszeiten erhältlich, wenngleich z.B. Petersilie und Schnittlauch auch als Zimmerpflanzen überwintern können. Rosmarin, Salbei, Liebstöckel (Maggikraut), Bärlauch, Brennnessel – viele Garten- und Wildkräuter haben, sanft getrocknet, den Vorteil, dass sie das ganze Jahr über meist ohne großen Qualitätsverlust verfügbar und beim Kochen schnell bei der Hand sind.
Getrocknete Kräuter lassen sich vielfältig verwenden, nicht nur zum Würzen, oder als Teeaufgüsse aller Art, sondern auch für Duftpotpourris, in Duftsäckchen und derlei mehr. Es würde den Umfang des Buches sprengen, auch nur die gängigen Garten- und Wildkräuter und ihre nutzbaren Teile wie Blätter, Blüten und Wurzeln detaillierter zu beschreiben.

Das Kräutertrocknen an sich ist einfach:

- ***Blattkräuter*** vor der Blüte an einem sonnigen Tag am besten spätvormittags ernten, dann ist der Wassergehalt am geringsten und die Konzentration an ätherischen Ölen am höchsten. Wenn nötig, die Kräuter vorsichtig waschen und mit Küchenpapier gut trockentupfen. Die Kräuter zu lockeren Büscheln zusammenbinden und kopfüber an einem schattigen, trockenen Ort mehrere Tage lang aufhängen. Alternativ die Blätter abzupfen und auf Trockenhorden oder Tabletts, ausgelegt mit Küchenpapier, im Schatten lufttrocknen bzw. auf Trockensieben im Dörrgerät in dünnen Lagen bei 30°C bis 35°C so lange trocknen, bis sie rascheldürr sind (4 bis 24 Stunden), d.h. bis sie sich zwischen den Fingern zu Pulver zerreiben lassen. Auch selbstgebaute Vorrichtungen zum Kräutertrocknen aus mit gitterbespannten Rahmen (siehe S.6) sind nützlich. Die Kräuter häufiger wenden. Je schonender die Kräuter konserviert werden, desto weniger verflüchtigen sich die ätherischen Öle und desto besser ist die Qualität. Der Gewichtsverlust durch das Trocknen liegt bei etwa 70 bis 80%, ein EL frische Kräuter entspricht etwa 1 TL getrockneter.
- ***Blüten*** werden am besten geerntet, kurz bevor sie voll ausgereift sind, und wie Kräuter (siehe oben) getrocknet. Sollen ganze Blütenköpfe konserviert werden, ist die Trockenzeit natürlich länger als bei einzelnen Blättchen. Bei

7.1: Getrocknete Gewürze, Kräuter und Blüten ….
7.2: …. für Gelegenheiten aller Art.

Lavendel und ähnlichen Pflanzen empfiehlt es sich, die Blüten samt Stängel zu lockeren Büscheln zu binden und sie kopfüber an einem schattigen Ort zu trocknen. Auch bei Blüten liegt der Gewichtsverlust durch das Trocknen bei etwa 70 bis 80%.

- ***Wurzeln*** werden am besten vor Beginn der Wachstumsperiode der Pflanze geerntet, also im späten Herbst oder im zeitigen Frühjahr. Sie lassen sich gut mit einem Wurzelstecher ausheben. Sorgfältig gereinigt und in etwa 0,5 cm dicke Scheibchen geschnitten, sollten die Wurzelteile so lange bei maximal 45°C trocknen, bis sie spröde sind und beim Brechen knacken. Der Gewichtsverlust durch das Trocknen liegt bei etwa 65%.
- ***Blätter, Blüten oder Wurzeln*** locker in Schraubgläsern aufbewahren, vorzugsweise kühl und dunkel und innerhalb eines Jahres verbrauchen. Getrocknete Würzkräuter erst beim Kochen mit den Fingern zerreiben, so bleibt ihr Aroma am besten erhalten.

Tee

Apfelschalen, Hagebutten, Brombeerblätter, Ringelblumenblüten, Johanniskraut, Lindenblüten: Zutaten für Tees aus getrockneten heimischen Kräutern, aus Baumblättern, Früchten und Blüten gibt es in fast endlosen Varianten. Für jeden Geschmack lassen sich aromatische Mischungen zusammenstellen. Wer sich intensiver mit dem Thema beschäftigen möchte, findet ergänzende Anregungen in der Literatur oder im Internet.

Hagebuttentee ist ein klassischer Früchtetee. Zubereitung: Halbierte getrocknete Hagebutten über Nacht einweichen, 10-15 Minuten kochen, dann den Aufguss durch ein sehr feines Sieb oder einen Kaffeefilter geben, damit die Härchen, welche die Kerne umgeben und die starke Reizungen im Rachenraum auslösen, nicht mitgetrunken werden. Der Geschmack des Tees ist feinsäuerlich. Durch das Kochen wird das hitzeempfindliche Vitamin C allerdings weitgehend zerstört.

Hagebutten-„Kernlestee“: Aus den Kernen kann „Kernlestee“ gekocht werden, ein altes Hausmittel zur Blutreinigung und bei Rheuma, Nieren- und Blasensteinen. Rezept: 2 EL Kerne in 0,5 l kaltem Wasser über Nacht einweichen, dann 30 Minuten

7.3: Hagebutten für Tee am besten nach dem ersten Frost ernten.

7.4: Kräuterteemischung aus Hagebuttenschalen, Anis, Fenchel, Himbeer-, Brombeer- und schwarze Johannisbeerblätter.

7.5: Getrocknete Lavendelblüten für Tee oder zum Mischen von Haustees. Auch verwendbar für Duftpotpourris oder für Duftsäckchen zur Abwehr von Motten im Kleiderschrank.

kochen und abseihen. Der Teesud hat eine sehr schöne rote Farbe und ein leichtes Vanillearoma. Ein schmackhafter ***Haustee*** (Dosierung: 1 gehäufter TL pro Person) kann aus den getrockneten Blättern von Zitronenverbene, Melisse, Katzenminze, Pfefferminze, Rosmarin usw. gebrüht werden, getrennt oder als Mischung. Den Tee 5 bis 10 Minuten lang ziehen lassen, die Blätter entfernen und ein Scheibchen Biozitrone zugeben. Hausteemischungen sollten nicht mehr als 7 verschiedene Kräuter, Blätter, Blüten oder Schalen enthalten, häufig können wohlschmeckende Mischungen schon aus 3 bis 4 unterschiedlichen Bestandteilen zusammengestellt werden.
Heiltees: Die Palette der Heilkräutertees ist schier unerschöpflich, für jede Krankheit ist ein Kraut gewachsen, heißt es. So hilft Kamille gegen Bauchschmerzen und Durchfall, Salbei gegen Halsschmerzen, Holunder und Lindenblüten bei grippalen Infekten, Beifuß hilft gegen Muskelkater, Spitzwegerich ist gut zur Blutreinigung und und und …

Würzkräuter

Auch wenn frische Kräuter sicherlich das beste Aroma haben, sind getrocknete Würzkräuter im Regal oftmals praktisch bei der Zubereitung schmackhafter Speisen. Viele Würz-, Tee- und Heilkräuter können während ihrer gesamten Wachstumszeit in guter Qualität geerntet werden, ihren höchsten Gehalt an Wirkstoffen und damit ihre optimale Würz- und Heilkraft haben die meisten aber kurz vor der Blüte. Die geernteten Pflanzenteile sollten dann baldmöglichst, vor Sonnenlicht geschützt, sanft getrocknet werden, denn bei Temperaturen über 40°C verlieren sie viel von ihren aromabildenden ätherischen Ölen. Die Trocknungsdauer ist neben der Art der Trocknung auch von der Pflanze selbst abhängig, so trocknen beispielsweise Minze, Melisse, Zitronenverbene schneller als Basilikum und Salbei.

7.6

7.7

7.8

7.9

7.10

7.6: Nichts geht über das Aroma frischer Kräuter in der Küche.

7.7: Getrocknete Kräuter sind das ganze Jahr über verfügbar.

7.8: Basilikum – beliebtes Kraut, auch sehr gut für Pesto, getrocknet verliert es allerdings viel Aroma.

7.9: Bohnenkraut – passendes Kraut für viele herzhafte Speisen.

7.10: Estragon – klassisches Gurkengewürz.

Basilikum

Dieses klassische Kraut für italienische Speisen, besonders in Verbindung mit Tomaten, ist zum Trocknen mäßig geeignet, weil es dadurch an Aroma verliert. Passt trotzdem gut in Salatdressings, zu Dips und Kräutersaucen, auf Pizzen, aber auch zu Fleisch und Fisch.

Beifuß

Traditionell wird dieses Gewürz in Deutschland zum Würzen von fettem Fleisch (Gans, Ente und Schwein) verwendet. Wenig Aromaverlust durch das Trocknen.

Bohnenkraut

Passt, wie schon der Name sagt, vorzüglich zu gekochten Bohnen und anderen Hülsenfrüchten, aber auch zu Kartoffeln, eingelegten Gurken und gekochtem Kohl. Bohnenkraut ist sehr gut als Trockengewürz geeignet und wird am besten während seiner Vollblütenzeit geerntet und getrocknet.

Borretsch

Verliert getrocknet viel an Aroma. Passt zu kalten Speisen, Salaten und Saucen.

Dill

Ist zum Trocknen nur mäßg gut geeignet, hat ein mildes, etwas kümmelartiges Aroma und wird zum Würzen von hellen Saucen, Ragouts und Fischgerichten verwendet.

Estragon

Passt zu Fisch-, Kalbfleisch- und Geflügelgerichten, aber würzt auch Senfsaucen, Kräuteressig und eingelegte Gurken. Wenig Aromaverlust durch Trocknen.

Kerbel

Kerbel ist ein zartwürziges Frühlingskraut mit einem leicht süßlich anisartigen Geschmack und passt zu feinen Saucen und Salaten, zu hellem Geflügel, zu Eiern, Fisch und Kalbfleisch. Getrocknet verliert Kerbel allerdings einiges an Aroma.

Liebstöckel

Auch Maggikraut genannt, ist ein beliebtes Gewürz in Suppen und Saucen. Die Blätter sind gut zum Trocknen geeignet.

Lorbeer

Gemeint ist hier Gewürzlorbeer (Laurus nobilis), ein feiner Aromalieferant für Eintöpfe, Marinaden aber auch zum Würzen von Fleisch, Fisch und Wild. Der echte Lorbeer ist sehr gut zum Trock-

7.11: Pfefferminze ist vielfältig verwendbar, die getrockneten Blätter haben ein kräftiges Aroma.

7.12: Rosmarin, ein winterhartes Würzkraut, sehr lecker auch zu Bratkartoffeln.

7.13: Salbei – gut als Tee bei Halsbeschwerden, als Gewürz unentbehrlich z.B. für italienische Kalbsschnitzel „Saltimbocca alla romana".

7.14: Blühendes Süßkraut.

7.11

7.12

7.13

7.14

nen geeignet. Er kann als dekorative Zimmerpflanze gezogen werden, er ist nicht winterhart.

Majoran
Das Aroma von Majoran ist getrocknet intensiver als das der frischen Pflanze. Sparsam einsetzen. Passt gut zu Kartoffelgerichten, aber auch zu Fleisch, Pilzen, Käse und Eiern.

Minze
Pfefferminze dient hauptsächlich für Teeaufgüsse, wird aber, vor allem in England, auch gern zum Würzen von Saucen zu Hammel- oder Schweinefleisch benutzt. Die getrockneten Blätter sind sehr aromatisch und geben als Dekoration auch Süßspeisen eine frische Note.

Oregano
Oregano ist in der mediterranen Küche eines der wichtigsten Würzkräuter. Sein Aroma ist getrocknet intensiver als das der frischen Pflanze.

Petersilie
Ist zum Trocknen nur mäßig geeignet, passt zu fast allen Gerichten, besonders zu Suppen, Joghurt- und Quarkspeisen, auch zu Salatsaucen.

Rosmarin
Passt gut in Schmorgerichte, sehr gut zu Fleisch- Wild- und Fischgerichten und in Bratkartoffeln. Gut zum Trocknen geeignet, verliert kaum an Aroma.

Salbei
Salbei ist ein sehr kräftiges Gewürz und hat einen leicht bitteren Geschmack. Schmeckt sehr gut zu Schweinefleisch und in Eintopfgerichten. Gut zum Trocknen geeignet, verliert kaum an Aroma.

Schnittlauch
Schnittlauch ist zum Trocknen nur mäßig geeignet, verliert einiges an Aroma.

Süßkraut
Auch Stevia genannt, wird in Südamerika seit alters her zum Süßen verwendet (Abb. 7.14). Die Blätter lassen sich gut trocknen und behalten ihre Süßkraft. Die zu feinem Pulver zerkleinerten getrockneten Blätter verursachen weder Karies, noch machen sie dick und eignen sich zum Süßen von Speisen und Getränken aller Art. Vorsicht bei der Dosierung des Ersatzzuckers: 1 TL Pulver entspricht der Süßkraft von etwa 50 g Haushaltszucker!

Thymian
Thymian ist für Speisen mit Lamm ein sehr gutes Gewürz und verliert getrocknet kaum an Aroma.

Ysop *(Eisenkraut)*
Gut zum Trocknen geeignet, verliert wenig an Aroma. Im Mittelmeerraum ein sehr beliebtes, leicht bitteres Würzkraut für Grillfleisch, aber auch für Fischgerichte und Eintöpfe geeignet.

Beliebte Würzkräutermischungen

Zum Würzen gibt es eine ganze Reihe von getrockneten Kräutermischungen. Die 5 im Folgenden aufgeführten gängigen Mischungen passen zu einer Vielzahl von Speisen.

Salatkräutermischung

2 EL getr. Kerbel
2 EL getr. Schnittlauch
2 EL getr. Petersilie
2 EL getr. Dill
2 EL getr. Borretsch
2 EL getr. Zitronenmelisse
1 EL getr. Liebstöckel
1 EL getr. Estragon

Die getrockneten Kräuter in einer Schüssel gut miteinander vermischen und in ein dichtschließendes Glas füllen. Auch getrocknete Wildkräuter sind in Salatkräutermischungen schmackhaft, z.B. Giersch, Löwenzahn, Brennnessel, Spitzwegerich, Gundermann und dergleichen.

Suppenwürze

2 EL getr. Oregano
2 EL getr. Majoran
2 EL getr. Basilikum
1 EL getr. Bohnenkraut
½ EL getr. Rosmarin
½ EL getr. Salbei

Die getrockneten Kräuter in einer Schüssel gut miteinander vermischen und in ein dichtschließendes Glas füllen. Möglichst lichtgeschützt aufbewahren. Gute Würzmischung für Suppen und Eintöpfe.

Kräuter der Provence

2 EL getr. Thymian
2 EL getr. Rosmarin
1 EL getr. Oregano
1 TL getr. Fenchelsamen
1 TL getr. Lavendelblüten

Alle Trockenkräuter in einer Schüssel gut miteinander vermischen und in ein dichtschließendes Glas füllen. Die Kräutermischung passt gut zu vegetarischen Eintöpfen, aber auch zu gegrilltem Fisch und Fleisch.
Für Kräutermischungen à la „Kräuter der Provence" werden meist Trockenkräuter benutzt, die in der Provence wild zu finden sind (aber auch bei uns im Garten gedeihen): Thymian, Majoran und Lorbeer. Varianten sind z.B. Lavendelblüten, Oregano, Salbei, Estragon und Liebstöckel

Fines Herbes

2 EL getr. Estragon
2 EL getr. Petersilie
2 EL getr. Schnittlauch
2 EL getr. Kerbel
2 EL getr. Majoran

Diese aromatische Trockenkräutermischung, ursprünglich nur aus gleichen Teilen von Kerbel, Petersilie, Schnittlauch und Estragon hergestellt, eignet sich zum Würzen von Saucen, Eierspeisen, Gemüse, Suppen, Salat, Fisch und Fleisch – also für fast alles. Variationen: Basilikum, Rosmarin, Thymian, Knoblauchpulver …

Italienische Gewürzmischung

Eine einfache Mischung von Kräutern besteht aus

2 EL getr. Basilikum
2 EL getr. Oregano
1 EL getr. Rosmarin
1 EL getr. Thymian

Für eine eigene Gewürzmischung können, je nach Vorliebe, auch getrocknete und zerkleinerte Tomaten zugegeben werden, aber auch Kreationen mit Knoblauch, Estragon, Petersilie, Zwiebeln, Majoran, Salbei, Minze etc. sind schmackhaft.

7.15

7.16

Kräuteressig

Kräuteressig für Salatdressings kann nicht nur aus frischen, sondern auch aus getrockneten Kräutern schnell selbst gemacht werden. Einfach pro Liter gutem Apfel-, Wein- oder Sherryessig mit mindestens 5 % Säure 2 bis 4 EL getrocknete Kräuter zugeben und 4 Wochen oder länger ziehen lassen. Dann abseihen und eventuell auf die Kräuter wieder frischen Essig aufgießen. Es können einzelne Kräuter eingelegt werden, wie Dill, Estragon, Thymian oder Salbei, aber auch Mischungen wie z.B. „Kräuter der Provence".
Kühl und dunkel aufbewahrt hält sich das Aroma gut bis zu etwa einem Jahr.

Blütenzucker

Zucker, mit essbaren Blüten gemischt, ist nicht nur farblich interessant, sondern aromatisiert Joghurt und Quark, verfeinert Desserts und wirkt interessant als Zuckerrand an Cocktailgläsern, Besonders gut dafür sind die Blüten von Duftrosen, Malven, Salbei, Holunder, Lavendel, Jasmin, Veilchen und Flieder geeignet. 30 g getrocknete Blüten pro 100 g Zucker ist ein bewährtes Mischungsverhältnis. Etwas intensiver wird der Geschmack, wenn frische Blüten zusammen mit dem Zucker getrocknet werden. Dazu die Stiele und Blattansätze entfernen und die Blüten mit dem Zucker gut vermischen. Die Mischung in ein Schraubglas geben und etwa eine Woche durchziehen lassen. Dabei das Glas ab und zu schütteln. Dann im Mixer fein mahlen, auf ein Tablett streuen und gut trocknen lassen. Im Schraubglas kühl und trocken aufbewahren. Mischungsverhältnis 10 EL zerkleinerte frische Blüten pro 250 g Zucker. Aromatisierten Zucker am besten innerhalb eines Jahres verbrauchen.

Universalmittel Ringelblumensalbe

Kräuter- und Blütensalben, z.B. aus Johanniskraut, Löwenzahn- und Kamillenblüten, sind zum Heilen von Wunden (äußerlich) schnell hergestellt. Nachfolgend ein einfaches Rezept für ein Universalmittel bei leichten Verbrennungen, wunder Haut (Babypflege), bei Bandscheibenbeschwerden, kleinen Hautverletzungen und Entzündungen, oder auch einfach gut zur Pflege der Lippen.

3 EL getrocknete Ringelblumenblüten
0,2 l Olivenöl
40 g Bienenwachs

In einem Topf Öl und Blüten langsam so lange erwärmen, bis sich Bläschen bilden. Die Mischung über Nacht stehen lassen. Am nächsten Tag alles nochmal erwärmen, dann durch einen Kaffeefilter oder ein Mulltuch abseihen. Bienenwachs zugeben und schmelzen lassen. Alles gut durchrühren. Wenn die Mischung erkaltet ist, mit einem Spatel in ein Gläschen oder eine Dose füllen und kühl aufbewahren. Die Salbe hält etwa ein Jahr.

Beinwelltee bei Knochenbrüchen

2 TL getrocknete Wurzeln der Beinwellpflanze *(Symphytum officinale)* mit 1 Tasse Wasser aufkochen und 10 Minuten bei geringer Hitze kochen lassen. Täglich 2 Tassen davon als Getränk soll die Neubildung von Gewebe bei Knochenbrüchen unterstützen und den Heilungsprozess beschleunigen.

7.15 und 7.16: Gewürz- und Kräutersalze.

7.18: Tee aus getrockneten Rosenblütenblätter wurde wegen seines blumigen Aromas schon im alten Ägypten geschätzt (1 EL getrocknete Rosenblütenblätter von unbehandelten Rosen in 0,25 l kochendes Wasser geben, 5 Minuten köcheln lassen, durch ein Sieb abgießen). Auch Rosenzucker für Tee und Süßspeisen ist schnell gemacht: 5 g getrocknete und mit dem Mörser/im Mixer zerkleinerte Rosenblütenblätter mit 100 g hellem Bio-Rohrzucker gut vermischen. Lecker zum Frühstücksei: Rosenblütensalz (5 g getrocknete und zerkleinerte Rosenblätterblüten pro 100 g naturbelassenem Salz).

Rosenblütenblätter

„Sie müssen in dünnen Schichten, vor Sonne und Staub geschützt, ausgebreitet werden, um gut trocknen zu können.
Ich lege ein sauberes Geschirrtuch auf den Schrank, breite die gerade gepflückten Blütenblätter darauf aus und bedecke sie mit einem zweiten Geschirrtuch. Während des Trocknens füllen sie das Zimmer mit einem wunderbaren Duft! Nach einigen Wochen lege ich die Blütenblätter in Dosen oder Gläser, auf denen ich den Namen der Pflanze und das Erntejahr notiere.
Lindenblütenblätter trockne ich übrigens auf die gleiche Art wie Rosenblütenblätter. So duftet jedes Zimmer im Haus verschieden...“
Aus: Natürlich konservieren, Terre Vivante (Hrsg.), Staufen 2005, ökobuch Verlag

Exkurs: Gutes aus heimischen Wildkräutern

Die Nutzung heimischer Wildkräuter ist eine Wissenschaft für sich. Früher als „Unkraut“ bezeichnet und zumindest im Hausgarten gnadenlos ausgemerzt, ist in den vergangenen Jahren der Wert dieser Kräuter wieder stärker in das allgemeine Bewusstsein gekommen. Nachfolgend sind 3 Wildkräuter kurz beschrieben, die uns allen im Frühjahr sehr leicht zugänglich sind. Sie zu trocknen ist so einfach wie lohnend.

7.19: Frühling ist, wenn der Wald voller Bärlauch steht …

Bärlauch

Vorteil für alle, die Knoblauch mögen: Bärlauch *(Allium ursinum)*, der wilde Verwandte des Knoblauchs, hat einen schön knoblauchartigen Geschmack, wenn auch nicht ganz so stark und ohne die entsprechende Nebenwirkung (Knoblauchfahne). Frischer, im Frühling gesammelter Bärlauch ist reich an Vitamin C, ätherischen Ölen, Eisen und Magnesium, Allerdings ist Bärlauch nur wenige Tage haltbar. Auch wenn beim Trocknen der Blätter etwas vom typischen Bärlaucharoma verloren geht, ist das dezente Knoblaucharoma im Brot und Fladen (S. 87) oder im Salz (S. 62) dennoch erkennbar. Wichtig beim Sammeln: Die Pflanze nicht mit dem giftigen Maiglöckchen oder der Herbstzeitlosen verwechseln (am besten im Internet nachschauen und/oder mit kundigen Menschen sammeln gehen)! Bärlauch wächst zuhauf in lichten Wäldern. Wer die Verwechselungsgefahr fürchtet, kann Bärlauchsamen von September bis Februar im Garten unter Bäumen und Sträuchern säen, die laubabwerfend sind.

7.20: Bärlauchpulver, beliebt wegen seines dezenten Knoblaucharomas, das sich nicht auf den Menschen überträgt.

Bärlauchbrot

200 g Bärlauch gehackt
100 g Leinsamen Gold
0,2 l Wasser
50 g Sonnenblumenkerne
50 g gemahlene Mandeln
1 TL Salz
Pfeffer aus der Mühle

Leinsamen eine Stunde oder länger im Wasser einweichen. Mandeln und Sonnenblumen grob im Mixer zerkleinern und mit den eingeweichten Leinsamen, Salz und Pfeffer zu einem geschmeidigen Teig mixen. Der Teig kann für ein herzhaftes Fladenbrot „Rot-Grün" geteilt werden. Dazu die eine Teighälfte mit den gehackten Bärlauchblättern mischen und in die andere Teighälfte 50 g, in Öl eingelegte, gehackte Trockentomaten einarbeiten. Schmeckt sehr würzig. Ergibt je einen runden Fladen auf einem Sieb mit einem 33 cm Durchmesser.(Abb. 8.1).

7.21: Bärlauchfladen, hier mit getrockneten Tomaten und Mandeln.

7.22: Bärlauchfladen (siehe auch S. 94) mit Kichererbsenpaste (Hummus) und Salat, eine feine, sättigende kleine Mahlzeit.

7.20

Brennnessel

Brennesseln *(Urtica dioica)* sind sehr nährstoffreiche Wildpflanzen. Sie haben einen hohen Eisengehalt und eine blutreinigende und entgiftende Wirkung auf den menschlichen Organismus. Brennnesseln wachsen hierzulande überall in Massen auf feuchten Böden, die Haupterntezeit liegt zwischen April und September. Am besten werden sie geerntet, bevor sie Kniehöhe übersteigen. Im Frühjahr sind die jungen frischen Brennnesseln fein im Salat oder im Smoothie. Sie können auch, frisch oder getrocknet, in Dörrbrot eingearbeitet werden und erhöhen dessen Nährwert (siehe S. 84).

7.21

7.22

Mit ***getrockneten Brennnesselblättern*** lässt sich ein entschlackend wirkender, wohlschmeckender Tee herstellen.

Brennnesselpulver ist eine würzige Zutat in Frischkäse, Dips und Salatdressing, aber auch lecker in grünen Smoothies.

Brennnesselsamen können frisch oder getrocknet verwendet werden. Sie beinhalten viel Vitamin E, Linolsäure und Schleimstoffe. Ein Teelöffel täglich stärkt das Immunsystem. Im Herbst hängen die Samen an den weiblichen Brennnesseln. Die schon an den Pflanzen getrockneten Samen können einfach in einer Papiertüte gesammelt werden: Brennnesseln in die Tüte schieben und Samen abschütteln. Die grünen Samen hängen noch fest an den Stielen. Am einfachsten werden die Brennnesseln samt Samen im Schatten (nicht in der Sonne wegen Qualitätsverlust) luftgetrocknet; alternativ können die Samen abgestreift und auf einem mit Backpapier ausgelegten Sieb so lange getrocknet werden, bis sie bräunlich sind. Die trockenen Samen in luftdicht verschließbare Gläser füllen und beschriften. Der Geschmack der Samen ist leicht nussig. Sie können über Salat gestreut werden, geben aber auch Dörrbrot ein feines Aroma. Es heißt, dass Fruchtlederstücke, die mit Brennnesselsamen ummantelt werden, länger haltbar sind.

Brennnesselfladen *(Basisrezept)*

100 g Leinsamen Gold
0,2 l Wasser
10 g getrocknete Brennnesseln
1 gehäufter TL Paprika edelsüß
½ TL Salz
2 EL Hefe

Leinsamen eine Stunde oder länger im Wasser einweichen. Die getrockneten Brennnesseln zwischen den Händen rebeln und im Mixer zusammen mit den Gewürzen und mit den gequollenen Leinsamen zu einem geschmeidigen Teig zerkleinern. Auf eine Dörrfolie aufstreichen und etwa 4 Stunden bei 42°C im Dörrgerät trocknen, dann von der Folie vorsichtig abziehen und mit der feuchten Seite nach oben weitere 6 Stunden trocknen. Ergibt Fladen mit einem recht neutralen und angenehmen Geschmack, die durch die nicht geschroteten Leinsamen eine etwas schalig anmutende Konsistenz haben. Die Fladen können auch mit frischen Brennnesselblättern statt der getrockneten hergestellt werden. Wer den etwas grasartigen Geschmack des Dörrbrotes nicht so gerne mag, kann mit weiteren Zutaten wie Karotten, Datteln und Nüssen die Geschmacksrichtung etwas abwandeln.

7.23: Dörrbrot mit getrockneten Brennnesseln und Leinsamen (links), mit rohen Brennnesseln (Mitte) und mit Karotten und Buchweizen (rechts), siehe auch S. 85.

7.24: Frische und getrocknete Brennnesseln, sowie Brennnesselsamen.

Brennnesselfladen

100 g Buchweizen, gekeimt, getrocknet u. gemahlen
50 g frische Brennnesselblätter
2 mittelgroße Karotten (zusammen ca. 150 g)
2 gehäufte EL Flohsamenschalen
½ TL Salz
2 EL Olivenöl
4 EL Wasser

Ergibt ca. 250 g Brot. Trockenzeit bei 42°C je nach Dörrgerät 10-12 Stunden.
Etwas zellstoffhaltige Konsistenz. Riecht ein bisschen wie Pfefferminztee. Sicherlich sehr gesund, kein ausgeprägter Geschmack, eher erdig und fundamental.

Brennnessel-Buchweizen-Brot

100 g Leinsamen geschrotet
100 g Brennnessel, frisch
1 EL Erdnussmus
3 TL Soja
1 EL Ahornsirup
½ TL Paprika, scharf

Ergibt ca. 200 g Brot. Lange Trockenzeit. Die Konsistenz ist etwas bröselig, der Geschmack eher neutral, ähnlich wie Knäckebrot.

Löwenzahn

Die Blüten, Blätter und Wurzeln von Löwenzahn, einem früher gehassten und heute geschätzten heimischen Wildkraut, sind getrocknet vielseitig verwendbar.
Für ***Tee*** werden pro Tasse 2 bis 3 getrocknete Blütenköpfchen mit siedendem Wasser übergossen (10 Minuten ziehen lassen).
Auch ***Löwenzahn-Sirup*** kann aus den Blüten hergestellt werden. Ein Tee aus den getrockneten Blättern (nie den Stängel verwenden, der Milchsaft ist giftig!) schmeckt etwas bitter und unterstützt u.a. die Leberfunktion (etwa 1 gehäufter TL getrocknete Blätter pro Tasse).
Aus den getrockneten Wurzeln (Ernte im Frühjahr oder Herbst) kann ein Heiltee hergestellt werden, der u.a. die Nierenfunktion anregt.
Löwenzahnwurzeln verlieren zum Herbst hin zunehmend an Bitterkeit. Sie können auch, der Länge nach aufgeschnitten, aufgefädelt und an einem luftigen, schattigen Ort getrocknet werden.
Kaffee aus getrockneten Löwenzahnwurzeln („Muckefuck"), ist eine koffeinfreie Alternative zu Bohnenkaffee. Die mit einem Wurzelstecher ausgegrabenen Wurzeln gut reinigen, in schmale Scheiben schneiden und lufttrocknen (alternativ Backofen oder Dörrgerät). Die gut durchgetrockneten Wurzelteile ohne Fett in einer Pfanne bei niedriger Temperatur rösten, dabei öfters wenden (nicht anbrennen lassen). Die Wurzelstücke am besten in dichtschließenden Gläsern aufbewahren, für Kaffee portionsweise in der Kaffeemühle pulverisieren und pro Tasse 1 gehäuften Teelöffel Pulver mit heißem Wasser übergießen. Nicht lange sieden lassen, sonst schmeckt der Kaffee zu bitter.

7.25: Wachsen wild-fröhlich in jedem Garten und auf jeder Wiese: Löwenzahn und Gänseblümchen.
Ihre Blüten, an einem schattigen Ort ein paar Tage getrocknet, lassen sich ganzjährig, mit heißem Wasser überbrüht, zu einem gesundheitsfördernden Tee zubereiten.

8 Dörrbrote und Cracker

Seit geraumer Zeit ist häusliches Brotbacken wieder sehr beliebt. Selbst in Rohkostqualität können Fladen, Brote und Cracker einfach und schnell selbst gemacht werden (nur der Dörrapparat braucht seine Zeit). Ganz ohne Hefe, Backtriebmittel, zu viel Salz oder künstlichen Geschmacksverstärker und mit dem beruhigenden Vorteil, dass genau bekannt ist, welche Zutaten im Teig enthalten sind. Bestandteile wie Samen, Früchte/Gemüse, Nüsse oder gekeimte Körner halten zudem gut satt. Je nachdem, wie lange der Teig getrocknet wird, können im Dörrgerät zubereitete Brote saftig und weich sein wie Pumpernickel oder bei längerer Trocknungszeit knusprig wie Knäckebrot. Stammen alle Zutaten aus biologischem Anbau, dürfte zudem gewährleistet sein, dass bei der Herstellung keine Pestizide und chemische Dünger eingesetzt wurden.

Für die Herstellung von Dörrbroten, Wraps und Crackern gibt es eigentlich nur 2 Regeln: Im Teig muss ein Bindemittel enthalten sein, damit die einzelnen Bestandteile zusammenhalten, und die Dörrtemperatur sollte 42°C nicht übersteigen, damit so wenig Vitalstoffe wie möglich verloren gehen.

Der Brotteig darf nicht zu flüssig und nicht zu fest sein. Der Teig ist richtig, wenn er einigermaßen homogen und gerade noch so geschmeidig ist, dass er sich auf mit Backpapier oder Antihaftfolie ausgelegten Sieben des Dörrgerätes gleichmäßig mit Hilfe der Rückseite eines Esslöffels oder mit einer Teigkarte dünn verstreichen lässt. Je dünner der Teig aufgestrichen wird (0,2 bis 0,5 cm), desto kürzer ist die Dörrzeit.

Der Teig sollte so lange getrocknet werden, bis er biegsam ist, aber nicht bricht, und eine ledrige Konsistenz hat. Wer das Dörrbrot aber gerne richtig knackig hat, lässt es einfach länger dörren. Um Cracker in mundgerechte Stücke zu schneiden, wird die angetrocknete Teigplatte mit einem Messer oder Pizzaroller in Rechtecke, Rauten, Dreiecke etc. zerteilt. Für weiche Wraps zum Befüllen

8.2

8.1: Hier entsteht Bärlauchdörrbrot, rechtes Sieb mit getrockneten Tomaten, siehe auch S. 83 und 94.

8.2: Links weiches, noch etwas feuchtes Brot mit Buchweizen und Flohsamenschalen (Typ Pumpernickel), rechts knusprige Leinsamencracker (Typ Knäckebrot).

8.3: Dörrbrot pur als sättigender Snack.

8.1

8.3

8.4: Kürbisdörrbrot.

8.5: Kleine, preiswerte, manuell betriebene Mohnmühle, mit der auch sehr gut Leinsamen und Getreide geschrotet werden können.

mit Salat, Obst, Aufstrichen oder Gemüse werden die Teigfladen gerollt oder in Form von Taschen zerteilt und nur so lange gedörrt, dass sie sich noch gut biegen lassen. Für Pizzaböden sind runde Dörrsiebe natürlich hilfreich, die Böden können aber natürlich auch als rundgeformte Fladen auf rechteckigen Sieben hergestellt, oder einfach in größere rechteckige Stücke zerteilt werden, denn wer sagt, dass Pizzaböden rund sein müssen?

Haltbarkeit: Gut durchgetrocknetes, knackiges Dörrbrot ist im luftdichten Behälter lichtgeschützt bei Raumtemperatur mehrere Wochen haltbar. Wer weiches und saftigeres Dörrbrot bevorzugt, sollte bedenken, dass es leicht schimmelt, und es am besten innerhalb einer Woche verbrauchen – besser also häufiger kleinere Mengen herstellen und im Kühlschrank aufbewahren. Ein paar Tage hält es sich auch bei Raumtemperatur im Brotkasten oder im Brotsack aus Leinen oder Baumwolle.

Wie lässt sich feststellen, ob das Brot richtig gut durchgetrocknet ist? Der Bruchtest zeigt es: Wird ein Stück abgebrochen, sollte das typisch trockene Knackgeräusch wie beim Durchbrechen von Crackern entstehen. Dörrbrot kann natürlich auch eingefroren werden, am besten portionsweise in Scheiben. Diese lassen sich dann im Toaster schnell auftauen.

Die fertige Teigmasse wird auf Backpapier oder Antihaftfolie aufgestrichen. Die im Folgenden angegebenen Trocknungszeiten für Dörrbrot sind nur als grobe Richtwerte anzusehen, da sie neben der Konsistenz und Dicke des aufgetragenen Teiges auch von der Art des Dörrgerätes, der Anzahl der Dörrsiebe, der Lufttemperatur und Feuchtigkeit im Raum sowie einigen anderen Faktoren bestimmt werden.

Dörrbrote mit Bärlauch und Brennnesseln siehe Exkurs siehe S. 82 ff.

Dörrbrote mit Rhabarber, siehe S. 99

Zutaten für Dörrbrote

Neben dem Bindemittel im Dörrbrotteig, wie z.B. Leinsamen und Flohsamenschalen (siehe S. 90), gibt es eine große Auswahl an schmackhaften Bestandteilen für aromatische Fladen und Brote. Aus den vielen möglichen Kombinationen kann jeder seine bevorzugte Geschmacksrichtung wählen. Zutaten können sein:

- *Getreide* (auch gekeimt) wie Weizen, Hirse, Roggen, Nackthafer, Dinkel oder gluten- und histaminfreie Pseudogetreide wie Buchweizen und Amaranth

- *Gemüse:* Tomaten (auch getrocknet), Paprika, Zucchini, Kürbis, Rote Bete, Karotten, Zwiebeln, Knoblauch, Lauch, Kohl, Sauerkraut, Knollensellerie, Fenchel, Süßkartoffeln, Pastinaken, getrocknete Pilze etc.
- *Früchte:* Äpfel, Bananen, Birnen, gedörrte Früchte (Rosinen, Datteln, Feigen, Pflaumen, Aprikosen), Oliven
- *Trester:* Auch die gepressten Gemüse- und Obstteile, die bei der Herstellung von Säften übrig bleiben, können als gesunde Zutat (Ballaststoffe) zum Teig gegeben werden.
- *Nüsse:* Mandeln, Haselnüsse, Walnüsse, Cashews
- *Samen:* Brennnesselsamen, Sesam, Hanfsamen
- *Kerne:* Sonnenblumenkerne, Kürbiskerne
- *Kräuter:* Gewürzkräuter, frisch und getrocknet; Wildkräuter, z.B. Süßgras, Giersch, Bärlauch, Brennnessel
- *Würzmittel:* Sojasauce, Tamari (glutenfrei), Gewürzmischungen wie z.B. Brotgewürz, „Kräuter der Provence" etc.
- *Süßungsmittel:* (Dörr-)Obst, Honig, Ahornsirup, Agavensirup, Kokosblütenzucker, Stevia etc., siehe S. 36.
- Öl: nach Vorliebe, z.B. Olivenöl

Bindemittel

Um brotähnliche Fladen herzustellen, wird ein Bindemittel benötigt, das die einzelnen Bestandteile zusammenhält. Hier bieten sich in erster Linie Leinsamen und Flohsamenschalen an (nicht zu verwechseln mit Flohsamen, die als Bindemittel nicht geeignet sind). Leinsamen und/oder Flohsamenschalen finden sich sehr häufig in den Rezeptvorschlägen für Brot und Cracker in Rohkostqualität, wobei die Zugabe von etwas Flohsamenschalen Dörrbrote etwas weniger kompakt macht, während Leinsamen aufgrund ihres Fettgehaltes (fast 400 kcal/100 g) einen sehr guten Sättigungseffekt haben.

8.6

Leinsamen

Leinsamen sind die Samen des Leins, auch Flachs genannt. Die Samen enthalten wertvolle Inhaltsstoffe, u.a. einen hohen Anteil an Omega-3-Fettsäuren und viele Ballaststoffe. Leinsamen sind dank ihrer Schleimstoffe ein gutes Bindemittel. Sie dicken den Teig durch Aufquellen ein und geben ihm Festigkeit. Für Dörrbrote sind gemahlene/geschrotete Leinsamen üblich, sie haben eine größere Oberfläche und bessere Quellfähigkeit als die

8.7

8.6: Rhabarberfladen, siehe auch S. 99

8.7: Brennnesseldörrbrot siehe auch S. 84.

8.8: Rhabarberfladen mit Crème fraîche und Aprikosenaufstrich.

8.8

ganzen Samenkörner. Außerdem werden die im Leinsamen enthaltenen Mineralstoffe und Fettsäuren aus dem Sameninneren durch das Zerkleinern besser aufgeschlossen. Im Handel gibt es helle Leinsamen (Goldleinsamen) und braune. Die Quellfähigkeit des Goldleinsamens ist etwas größer. Es empfiehlt sich, Leinsamen als ganze Körner zu kaufen und dann bei Bedarf in einer kleinen Getreidemühle oder elektrischen Kaffeemühle mit Schlagwerk zu zerkleinern (siehe auch Abb. 8.5).
Geschroteter Leinsamen kann schon nach etwa einer Woche ranzig werden. Um ganze Leinsamen im Mixer zu zerkleinern, werden die Körner in Wasser eingeweicht (etwa 2 Teile Wasser, 1 Teil Leinsamen), dann quellen die Samen zu einer glibberigen Konsistenz auf und der Mixer hat es leichter.

Flohsamenschalen

Flohsamen sind die Samenkörner des Flohsamen-Wegerichs, einer alten Heilpflanze. Bei Flohsamenschalen handelt es sich nur um die äußeren Schalen der Samen, die besonders viel Schleimstoffe enthalten und einen Teig aufquellen lassen. Um Teige zu binden, sind nur relativ geringe Mengen an Flohsamenschalen nötig. Flohsamenschalen bestehen überwiegend aus unverdaulichen Ballaststoffen, sie geben den Teigen eine etwas weichere Konsistenz als Leinsamen. Flohsamenschalen lassen sich gegebenenfalls durch Chiasamen ersetzen, die Konsistenz der Teigmasse ist aber etwas anders, das Ergebnis wird nicht so brotähnlich sein.

Nachfolgend 3 Basisrezepte mit Leinsamen, Gemüse/Obst/Nüsse und Würzzutaten. Die Zutaten können nach Geschmack variiert oder verfeinert werden (siehe S. 88/89). In den Rezepten sind die angegebenen Würzzutaten eher zurückhaltend dosiert, wer stärkere Aromen bevorzugt oder gern würzige/süße Cracker ohne Belag knabbert, wird seine eigene Lieblingsrezeptur sicherlich schnell herausfinden...

Würzige Leinsamenfladen *(Basisrezept)*

100 g Goldleinsamen
0,2 l Wasser
100 g Gemüse nach Wahl
2 EL Sojasauce
1 EL frische Gartenkräuter
(alternativ: z.B. 1 TL Kräuter der Provence)

Leinsamen im Sieb mit Wasser durchspülen, in eine Schüssel geben, mit 0,2 l Wasser übergießen und 1 bis 2 Stunden oder länger einweichen. Gemüse säubern und zerkleinern. Die gequollenen Leinsamen im Mixer mit der Sojasauce pürieren, die Gemüsestücke und Kräuter dazugeben und alles zu einem möglichst homogenen Teig mischen. Die Teigmasse auf einem mit Dörrfolie/Backpapier ausgelegten Sieb 4 bis 5 mm dick aufstreichen und bei maximal 42°C insgesamt etwa 12 bis 16 Stunden trocknen, oder so lange, bis die gewünschte Konsistenz erreicht ist. Nach etwa 5 bis 6 Stunden den gut angetrockneten Teig vorsichtig vom Backpapier/von der Folie lösen, wenden, mit einem Messer oder Pizzaroller in Stücke aufteilen und fertigtrocknen. Selbst sehr knusprig gedörrte Fladen lassen sich aber auch noch gut hinterher mit der Schere zerteilen. Die Teigmenge ergibt etwa 120 g Dörrbrot.
Die Gewürze können je nach Gemüsezutat und gewünschtem Geschmack (neutral/würzig/süß) beliebig variiert werden. Mit den auf S. 88/89 angegebenen Zutaten und etwas Zwiebel zum Gemüse lassen sich feinwürzige Fladenstücke herstellen. Um neutral schmeckende Fladen zu erhalten, nur Karotten zugeben und die Sojasauce auf 1 EL reduzieren. Passt sehr gut zu Wein mit geräuchertem Lachs und etwas Meerrettichsahne. Je nach Trocknungsdauer und Zuschnitt der Teigplatten können dünne Cracker, knackige Dörrbrotscheiben oder biegsame Wraps hergestellt werden.

Walnussbrot *(Basisrezept)*

100 g Goldleinsamen
0,2 l Wasser
100 g Walnüsse
100 g Sonnenblumenkerne
1 EL Olivenöl
½ TL Meersalz

Leinsamen im Sieb mit Wasser abspülen, in eine Schüssel geben, mit 0,2 l Wasser übergießen und eine Stunde oder länger einweichen. Walnüsse und Sonnenblumenkerne im Mixer zerkleinern. Alle Zutaten zusammen mit den aufgequollenen Leinsamen im Mixer zu einem geschmeidigen Teig verarbeiten. Den Teig mit der Rückseite eines Esslöffels etwa 5 mm dick auf ein mit Backpapier/Dörrfolie ausgelegtes Sieb streichen. Falls der Teig zu kompakt ist und sich deshalb schlecht verstreichen lässt, die Löffelrückseite immer mal wieder mit Wasser anfeuchten. Im Dörrgerät etwa 4 Stunden bei 42°C trocknen, dann vorsichtig vom Backpapier/der Folie ablösen und wenden. Mit einem Messer Sollbruchstellen in den Teig einritzen und je nach gewünschter Konsistenz weitere 7 bis 10 Stunden trocknen. Ergibt, gut getrocknet, ca. 350 g gehaltvolles und sehr sättigendes Dörrbrot, das nussig, aber sonst relativ neutral im Geschmack ist und sowohl pur als auch mit verschiedenen Käsesorten gut schmeckt.
Haltbarkeit: Etwa eine Woche.

8.9

8.10

8.11

8.9: Kürbis-, Nuss- und Rote Bete Stangen

8.10 und 8.11: Dörrbrot, hergestellt mit frischen Tomaten (oben), würziger mit getrockneten (unten).

Warum Nüsse, Getreide und Samen einweichen?

Nüsse wie Mandeln, Walnüsse, Haselnüsse und Cashews sind bei häufigem Verzehr leichter verdaulich, wenn sie vorher eingeweicht werden. Einweichzeiten: Mandeln, Walnüsse und Haselnüsse 6 bis 8 Stunden, Cashewnüsse, die etwas fetter sind, etwa 3 Stunden. Längeres Einweichen schadet nicht. Vor der Weiterverarbeitung nochmal gut abspülen.
Auch bei Samen und Kernen wie z.B. Leinsamen, Sesam, Sonnenblumen- und Kürbiskernen empfiehlt es sich bei häufigem Verzehr, sie einige Zeit in Wasser einzuweichen, so sind sie leichter verdaulich. Außerdem lassen sie sich leichter im Teig verarbeiten.

Leinsamenbrot pikant

200 g Goldleinsamen
0,4 l Wasser
2 EL Sojasauce
1 EL Ahornsirup
1 TL schwarzer Pfeffer
1 TL Chilipulver
1 TL feingeschnittene Zwiebel
½ TL feingeschnittener Knoblauch

Leinsamen im Sieb mit Wasser abspülen, in eine Schüssel geben, mit 0,4 l Wasser übergießen und eine Stunde oder länger einweichen. Im Mixer die Leinsamen und die anderen Zutaten zu einem homogenen Teig pürieren. Mit einer Teigkarte oder der Rückseite eines Esslöffels die Masse 4 - 5 mm dick auf ein mit Backpapier/Dörrfolie ausgelegtes Sieb streichen. Im Dörrgerät 4 bis 5 Stunden bei 42°C trocknen, dann vorsichtig das Backpapier/ die Folie ablösen, den Brotteig wenden und mit einem Messer/Pizzaroller Sollbruchstellen einritzen (oder später einfach Stücke mit einer Schere abtrennen) und weitere 6 bis 8 Stunden trocknen. Luftdicht verschlossen halten sich die Fladen gut 2 Wochen.
Konsistenz: biegsam-ledrig. Ergibt ca. 225 g Dörrbrot. Je nach Trocknungsdauer und Zuschnitt der Teigplatten können Cracker, etwas knusprige Dörrbrotscheiben oder biegsame Wraps hergestellt werden.

8.12: Dörrbrot mit Aufstrichen.

Tomatencracker

150 g frische Tomaten
35 g getrocknete Tomaten
100 g Leinsamen, geschrotet
50 g rohe Paprika
1 kleine Möhre
½ kleine Zwiebel
1 EL ÖL

Gemüse im Mixer zerkleinern, Leinsamenschrot und Öl dazugeben und zu einem geschmeidigen Teig verarbeiten. Den Teig mit der Rückseite eines Esslöffels etwa 5 mm dick auf ein mit Backpapier/Dörrfolie ausgelegtes Sieb streichen. Falls der Teig sehr kompakt ist und sich deshalb schlecht verstreichen lässt, die Löffelrückseite immer mal wieder mit Wasser anfeuchten. Im Dörrgerät 3 - 4 Stunden bei 42°C trocknen, dann vorsichtig vom Backpapier/der Folie ablösen, umdrehen, mit einem Messer Sollbruchstellen einritzen (oder später einfach Stücke mit einer Schere abtrennen) und weitere 8 bis 9 Stunden oder so lange dörren, bis sich der Teig knusprig anfühlt.
Ergibt etwa 200 g leckere Cracker.

Brotgewürz

Brotgewürz kann fertig gekauft werden, enthält aber oftmals Geschmacksverstärker, Füllstoffe und zu viel Salz. Es kann aber auch einfach selbst gemacht werden. Die 4 Grundbestandteile sind (zu gleichen Teilen) Kümmel, Koriander, Anis und Fenchel. Je nachdem, wie würzig das Brot schmecken soll, reichen 2 TL der gemahlenen Grundmischung für 250 g Dörrbrotteig. Aromatische Würzvarianten entstehen, wenn der Grundmischung (sparsam) noch etwas getrocknete Wildkräuter wie Bärlauch oder Samen, z.B. von Brennnesseln, zugegeben werden, auch Muskatnuss, Schabzigerklee, Kardamon usw. können zu interessanten Brotkreationen führen ...

Olivenfladen

100 g Walnüsse
75 g Goldleinsamen
0,15 l Wasser
1 EL gehäufter Flohsamenschalen
2 getrocknete Tomaten
25 g schwarze Oliven ohne Stein
2 TL Olivenöl
1 gestr. TL Oregano
1 Prise Thymian
1 Prise frischer schwarzer Pfeffer

Leinsamen im Sieb mit Wasser durchspülen, in eine Schüssel geben, mit 0,15 l Wasser übergießen und eine Stunde oder länger einweichen. Oliven und Tomaten in kleine Stücke schneiden, Walnüsse im Mixer zerkleinern. Die aufgequollenen Leinsamen mit den anderen Zutaten im Mixer zu einem leicht stuckigen, aber formbaren Teig verarbeiten. Den Teig mit der Rückseite eines Esslöffels etwa 5 mm dick auf ein mit Backpapier/Dörrfolie ausgelegtes Sieb streichen. Im Dörrgerät 4 bis 5 Stunden bei 42°C trocknen, dann vorsichtig vom Backpapier/der Folie ablösen und umdrehen. Mit einem Messer Sollbruchstellen einritzen (oder später einfach Stücke mit der Schere abtrennen) und weitere 6 bis 10 Stunden trocknen, bis der Teig die gewünschte Konsistenz hat. Ergibt ca. 250 g feinwürziges und gehaltvolles Dörrbrot. Kein Salz nötig. Wegen der Walnüsse sollte das Brot innerhalb von wenigen Tagen verzehrt werden.

8.13: Dieses Walnuss-Olivenbrot (siehe oben) wurde leider nicht lange genug getrocknet und dann luftdicht verpackt. Ergebnis nach 5 Tagen: Schimmel.

8.14: Kleine feine Vorspeise.

8.15: Oh, das schmeckt!

8.16: Das mögen (fast) alle: Selbst gebeizter Lachs mit Meerrettichsahne auf Leinsamencrackern.

Nuss-Rosmarin-Fladen

50 g Leinsamen
0,1 l Wasser
100 g Mandeln
50 g Sonnenblumenkerne
2 EL Olivenöl
½ EL frische Rosmarinnadeln
½ TL naturbelassenes Salz

Leinsamen im Sieb mit Wasser abspülen, in eine Schüssel geben, mit 0,1 l Wasser übergießen und eine Stunde oder länger einweichen. Mandeln und Sonnenblumenkerne im Mixer zerkleinern, die Rosmarinnadeln klein hacken. Die aufgequollenen Leinsamen mit den anderen Zutaten im Mixer zu einem geschmeidigen Teig verarbeiten. Den Teig mit einer Teigkarte oder der Rückseite eines Esslöffels etwa 5 mm dick auf ein mit Backpapier/Dörrfolie ausgelegtes Sieb streichen. Im Dörrgerät 4 bis 5 Stunden bei 42°C trocknen, dann vorsichtig vom Backpapier/der Folie ablösen, umdrehen, mit einem Messer Sollbruchstellen einritzen und weitere 6 bis 9 Stunden trocknen, oder so lange, bis die gewünschte Konsistenz erreicht ist. Sehr feiner Geschmack, ergibt etwa 200 g Dörrbrot.

8.17: Bärlauchbrot, hergestellt mit frischem Bärlauch und Chiasamen (siehe auch S. 83)

Asiatische Fladen

100 g Leinsamen Gold
0,2 l Wasser
50 g Cashewnüsse
50 g Sonnenblumenkerne
100 g Karotten
70 g Schalotten
1 TL Garam masala (indische Gewürzmischung)
1 TL Kümmel, fein
¼ TL Salz
1 TL Currypulver
1 TL Cayennepfeffer

Leinsamen im Sieb mit Wasser abspülen, in eine Schüssel geben, mit 0,2 l Wasser übergießen und eine Stunde oder länger einweichen. Karotten und Schalotten schälen und in Scheiben schneiden. Cashewnüsse und Sonnenblumenkerne im Mixer zerkleinern, das Gemüse dazugeben. Die aufgequollenen Leinsamen mit den anderen Zutaten und den Gewürzen im Mixer gut durchmischen. Den Teig mit der Rückseite eines Esslöffels etwa 5 mm dick auf ein mit Backpapier/Dörrfolie ausgelegtes Sieb streichen. Im Dörrgerät 4 bis 5 Stunden bei 42°C trocknen, dann vorsichtig vom Backpapier/der Folie ablösen, wenden, mit einem Messer Sollbruchstellen einritzen und weitere 6 bis 8 Stunden trocknen. Ergibt etwa 250 g Dörrbrot und passt als Beilage sehr gut zu Curry- und Linsengerichten

8.18: Ein Hauch von Süden: Rosmarin-Dörrbrot mit Käse und Oliven.

Würzige Zucchini-Buchweizencracker

500 g Zucchini
4 EL Flohsamenschalen
4 EL Buchweizengrütze
2-3 Knoblauchzehen
1 TL Salz
1 TL schwarzer Pfeffer
¼ TL Rosenpaprika, scharf

Zucchini und Knoblauch kleinschneiden und im Mixer zusammen mit der Buchweizengrütze oder den selbst geschroteten Buchweizen (siehe oben), den Flohsamenschalen, Salz und Pfeffer zu einem Teig verarbeiten. Den Teig mit der Rückseite eines Esslöffels etwa 5 mm dick auf ein mit Backpapier/Dörrfolie ausgelegtes Sieb streichen. Falls der Teig sehr kompakt ist und sich deshalb schlecht verstreichen lässt, die Löffelrückseite immer mal wieder mit Wasser anfeuchten. Im Dörrgerät etwa 6 Stunden bei 42°C trocknen, dann vorsichtig vom Backpapier/der Folie ablösen und umdrehen. Nun mit einem Messer Sollbruchstellen einritzen (oder den Fladen später mit der Schere in Streifen schneiden) und weitere 6 bis 9 Stunden trocknen, bis der Teig knusprig ist. Ergibt etwa 140 g Cracker, lecker mit diversen Kräuterdips.

Parmesan-Cracker

100 g Leinsamen, geschrotet
70 g Parmesan, gerieben
1 kleine Knoblauchzehe
¼ TL Salz
¼ TL Pfeffer
0,2 l Wasser

Alle Zutaten im Mixer zu einem homogenen Teig mischen. Den Teig mit der Rückseite eines Esslöffels dünn auf ein mit Backpapier/Dörrfolie ausgelegtes Sieb streichen. Im Dörrgerät etwa 6 Stunden bei 42°C trocknen, dann vorsichtig umdrehen und ohne Backpapier/Folie weitere 6 bis 8 Stunden trocknen, bis der Teig knusprig ist. Den Fladen mit der Schere in mundgerechte Stücke Streifen schneiden. Lecker zum Wein, auch mit Kräuterdips!

Buchweizen-Dörrbrot

200 g Buchweizengrütze
0,2 l Wasser
100 g Mandeln oder Walnüsse
100 Sonnenblumenkerne
4 EL Flohsamenschalen
1 gestr. EL Brotgewürz (siehe S. 92) oder getrocknete Kräuter
1 EL Olivenöl
1 gestr. TL Salz

Buchweizengrütze, in größeren Naturkostläden erhältlich, ist geschroteter Buchweizen (Alternative: Buchweizen in der Getreidemühle selbst schroten). In 0,2 l Wasser etwa 1 Stunde quellen lassen. Nüsse und Kerne recht fein mahlen und zusammen mit dem eingeweichten Buchweizenschrot und den anderen Zutaten im Mixer zu einem Teig verarbeiten. Den Teig mit der Rückseite eines Esslöffels etwa 5 mm dick auf ein mit Backpapier/Dörrfolie ausgelegtes Sieb streichen. Falls der Teig sehr kompakt ist und sich deshalb schlecht verstreichen lässt, die Löffelrückseite immer mal wieder mit Wasser anfeuchten. Im Dörrgerät 4 bis 5 Stunden bei 42°C trocknen, dann vorsichtig vom Backpapier/der Folie ablösen und umdrehen. Mit einem Messer Sollbruchstellen einritzen und weitere 8 bis 12 Stunden trocknen. Ergibt etwa 430 g eher weiches als knuspriges Dörrbrot mit einem feinwürzigen Landbrotgeschmack. Es sollte am besten innerhalb einer Woche verbraucht werden.

8.19: Dörrbrot: Immer wieder lecker zu Dips.

Rohkost-Pizzaboden

100 g Leinsamen
0,2 l Wasser
200 g Gemüse, z.B. Lauch oder Zwiebeln
½ TL Chilipulver
1 kleine Knoblauchzehe
1 TL Paprika
½ TL gemahlener Kreuzkümmel
2 EL Sojasauce

Leinsamen im Sieb mit Wasser durchspülen, in eine Schüssel geben, mit 0,2 l Wasser übergießen und eine Stunde oder länger einweichen. Gemüse in kleine Stücke schneiden, ebenso die Knoblauchzehe. Das Gemüse mit den Gewürzen pürieren, die gequollenen Leinsamen dazu mixen und einen geschmeidigen Teig herstellen. Mit der Rückseite eines Esslöffels die Teigmasse etwa 1 cm dick kreisrund auf ein mit Backpapier/Dörrfolie ausgelegtes Sieb streichen. Im Dörrgerät 6 bis 7 Stunden bei 42°C trocknen, dann den Pizzaboden umdrehen und ohne Backpapier/Folie weitere 8 bis 9 Stunden trocknen. Die angegebene Zutatenmenge ergibt einen runden Pizzaboden (ca. 30 cm Durchmesser, 160 g Gewicht). Den Pizzaboden mit selbstgemachter Tomatensauce oder Avocadocreme bestreichen, üppig mit Gemüse (Paprika, Zwiebel, Zucchini, Tomate) und Champignons belegen, salzen und pfeffern, mit Kräutern (Basilikum, Thymian, Koriander) bestreuen, etwas Olivenöl darüber träufeln und Parmesan oder veganen Nusskäse darüber reiben/bröseln. Die Pizza ist, in Stücke geschnitten, ein sehr leckerer Snack zu einem Glas Wein an Sommerabenden.

8.20: Rohkost-Pizza

Süße Teilchen

Fruchtige Cracker (Basisrezept)

4 EL Buchweizengrütze
3 EL Flohsamenschalen
300 g Früchte
50 g Mandeln
2-5 Datteln (je nach Vorliebe)
2 TL Zitronensaft

Mandeln im Mixer nicht zu fein zerkleinern. Früchte (Beeren-, Stein- oder Kernfrüchte nach Wahl), säubern, kleinschneiden und im Mixer pürieren. Kleingeschnittene Datteln zugeben, ebenso die Mandeln, die Buchweizengrütze, Flohsamenschalen, und den Zitronensaft. Alles zusammen zu einem möglichst homogenen Teig pürieren. Die Teigmasse auf mit Dörrfolie/Backpapier ausgelegten Sieben 4 bis 5 mm dick aufstreichen und bei maximal 42°C etwa 5 Stunden trocknen. Die Stücke wenden und ohne Backpapier/Folie je nach gewünschter Konsistenz weitere 7 bis 10 Stunden dörren. Mit der Schere in Stücke schneiden. Ergibt etwa 190 g leicht süße Cracker.

8.21: Süße Teilchen.

Haferflocken-Plätzchen

200 g Bananen
150 g Haferflocken
4 EL Ahornsirup
2 EL Flohsamenschalen
50 g Rosinen
2 EL Zitronensaft
1 TL Zimt
evtl. etwas Apfelsaft oder Wasser

Alle Zutaten im Mixer zu einem glatten Teig pürieren, eventuell etwas Apfelsaft/Wasser zugeben. Den Teig mit der Rückseite eines Esslöffels etwa 5 mm dick auf ein mit Backpapier/Dörrfolie ausgelegtes Sieb streichen. Falls der Teig sehr kompakt ist und sich deshalb schlecht verstreichen lässt, die Löffelrückseite immer mal wieder mit Wasser anfeuchten. Nach etwa 5 Stunden den Fladen wenden, ohne Backpapier/Folie etwa weitere 8 Stunden dörren. Dann mit der Schere in mundgerechte Stücke schneiden. Ergibt 360 g angenehm süße, sättigende Kekse mit gutem Zimtaroma.

8.22: Mandel-Bananen-Spekulatius: Feine Plätzchen aus Bananen, Mandeln, Datteln, Flohsamenschalen, Leinsamen und etwas Zitrone und Zimt.

Mandel-Bananen-Spekulatius

100 g Mandeln
50 g Goldleinsamen, geschrotet
3 Bananen
2 EL Flohsamenschalen
5 Datteln
2 TL Zitronensaft
1 TL Zimt

Die Mandeln im Mixer zerkleinern, die in Stücke geschnittenen Bananen und Datteln dazugeben. Dann zusammen mit den geschroteten Goldleinsamen, den Flohsamenschalen, dem Zitronensaft und Zimt zu einem geschmeidigen Teig pürieren. Den Teig mit der Rückseite eines Esslöffels etwa 5 mm dick auf ein mit Backpapier/Dörrfolie ausgelegtes Sieb streichen. Falls der Teig sehr kompakt ist und sich deshalb schlecht verstreichen lässt, die Löffelrückseite immer mal wieder mit Wasser anfeuchten. Nach etwa 6 Stunden den Fladen wenden, ohne Backpapier/Folie etwa weitere 8 Stunden dörren. Dann mit der Schere in mundgerechte Stücke schneiden. Wunderbar bananig-zimtig-nussiger Geschmack!
Ergibt etwa 280 g nicht sehr süße Plätzchen.

Erdbeerriegel/Wrap

250 g frische Erdbeeren
1 EL Zitronensaft
50 g Leinsamen, gemahlen
100 g Mandeln
5 Datteln

Die Zutaten im Mixer zu einem glatten Teig pürieren, eventuell Wasser zugeben.

Den Teig mit der Rückseite eines Esslöffels etwa 5 mm dick auf ein mit Backpapier/Dörrfolie ausgelegtes Sieb streichen. Falls der Teig sehr kompakt ist und sich deshalb schlecht verstreichen lässt, die Löffelrückseite immer mal wieder mit Wasser anfeuchten. Nach etwa 5 Stunden den Fladen wenden, ohne Backpapier/Folie etwa weitere 7 Stunden dörren. Dann mit der Schere in mundgerechte Stücke schneiden oder als Wrap verwenden. Die Zutatenmenge ergibt 230 g Riegel/Wrap.

Apfel-Kekse

250 g Äpfel
100 g Walnüsse
1 EL Zitronensaft
1 TL Zimt
2 - 4 EL Ahornsirup
50 g Leinsamen, gemahlen

Die Zutaten im Mixer zu einem glatten Teig pürieren, eventuell etwas Wasser zugeben, falls die Teigmasse zu fest ist. Den Teig mit der Rückseite eines Esslöffels etwa 5 mm dick auf ein mit Backpapier/Dörrfolie ausgelegtes Sieb streichen. Nach etwa 5 Stunden den Fladen wenden, ohne Backpapier/Folie etwa weitere 7 Stunden dörren. Dann mit der Schere in mundgerechte Stücke schneiden.
Die Zutatenmenge ergibt 270 g Apfelkekse mit gutem Zimtaroma.

8.23: Frühlingsnachtisch: Erdbeerfladenstück, belegt mit süßer Sahne und frischen Erdbeeren.

8.24: Rhabarberschnitten und Rhabarberkonfekt.

8.23

8.24

Schoko-Nuss-Plätzchen

150 g Bananen
100 g Sonnenblumenkerne
100 g Haselnüsse
8-10 EL Wasser
1 gehäufter EL Kakaopulver
3 Datteln
2 EL Flohsamenschalen

Alle Zutaten im Mixer zu einem glatten Teig pürieren, nach und nach so viel Wasser zugeben, bis eine homogene Teigmasse entstanden ist. Den Teig mit der Rückseite eines Esslöffels etwa 5 mm dick auf ein mit Backpapier/Dörrfolie ausgelegtes Sieb streichen. Falls der Teig sehr kompakt ist und sich deshalb schlecht verstreichen lässt, die Löffelrückseite immer mal wieder mit Wasser anfeuchten. Nach etwa 6 Stunden den Fladen wenden, ohne Backpapier/Folie etwa weitere 8 Stunden dörren. Dann mit der Schere in mundgerechte Stücke schneiden.
Ergibt 330 g angenehm süße, sättigende Kekse.

Ingwer-Rosinen-Plätzchen

40 g frischer Ingwer, gerieben
100 g Walnüsse
150 g Buchweizengrütze
5 EL Flohsamenschalen
½ TL Zimt
2 - 3 EL Honig
50 g Rosinen
8 – 10 EL Wasser

Die Walnüsse im Mixer zerkleinern und zusammen mit den übrigen Zutaten zu einem kompakten, aber streichfähigen Teig pürieren. Den Teig mit der Rückseite eines Esslöffels etwa 5 mm dick auf einem mit Backpapier/Dörrfolie ausgelegten Sieb verteilen. Falls der Teig sehr kompakt ist und sich deshalb schlecht verstreichen lässt, die Löffelrückseite immer mal wieder mit Wasser anfeuchten. Nach etwa 5 Stunden den Fladen wenden, ohne Backpapier/Folie etwa weitere 7 Stunden dörren. Dann mit der Schere in mundgerechte Stücke schneiden.
Die Zutatenmenge ergibt 370 g feine Ingwerplätzchen mit schön nussig-knackiger Konsistenz.

Energiebällchen *(Basisrezept)*

200 g Trockenfrüchte
200 g Datteln
200 g ungesalzene Nüsse
Honig

Trockenfrüchte, Nüsse und Datteln im Mixer zerkleinern und so viel Honig zugeben, dass eine feste Masse entsteht. Kleine Kugeln formen und im Kühlschrank härten lassen. Energiebällchen sind schnell gemacht und ein Power-Snack, der nicht nur beim Sport verbrauchte Energie schnell zurückbringt.

Rhabarberschnitten

4 mittelgroße Stangen Rhababer
8 Datteln, gehackt
1 EL Leinsamen, geschrotet
1 EL Erdnussmus

Von den jungen Rhabarberstangen die Fäden entfernen, die Stangen in Stücke schneiden und pürieren. Im Mixer zerkleinerte Datteln, Leinsamenschrot und Erdnussmus zum recht flüssigen Rhabarberpüree zugeben und gleichmäßig vermischen. Die Masse etwa 5 mm dick auf ein mit Backpapier oder Dörrfolie ausgelegtes Sieb streichen und bei 42°C ca. 12-16 Stunden trocknen lassen. Wenn die Fruchtmatte nicht mehr klebrig ist, mit der Schere in Stücke schneiden. Lecker!

Rhabarber-Erdbeer-Schnecken

200 g Rhabarber
200 g Erdbeeren
1 EL Leinsamenschrot
2-3 EL Honig

Rhabarber waschen, die Fäden abziehen und in kleine Stücke schneiden. Blanchieren, bis sich die Farbe ändert. Erdbeeren waschen, putzen und halbieren. Alle Zutaten im Mixer so lange pürieren, bis eine homogene Masse entstanden ist. Auf ein mit Backpapier oder Dörrfolie ausgelegtes Sieb ca. 0,5 cm dick verstreichen und so lange trocknen, bis keine klebrige Stelle mehr vorhanden ist. Zwischendurch wenden und ohne Papier/Folie fertigtrocknen. Das Fruchtleder aufrollen und in kleine Stücke schneiden.

„Urbrot" - Fladen aus Keimsaaten

Unsere frühen Vorfahren sammelten Getreidesamen, ließen sie keimen, zerstampften die Keimlinge dann zu einem Brei, würzten ihn mit Kräutern und formten kleine Fladen, die sie in der Sonne trocknen ließen. Dieses Verfahren dient im Grunde auch heute noch dazu, um Keimsaatenbrot herzustellen. Mit Hilfe eines Dörrgerätes ist dies auch ganzjährig möglich.
In Zeiten von gesundheitlichen Nahrungsmittelunverträglichkeiten aller Art und steigender Allergieanfälligkeit sind nicht wenige Menschen dankbar, Alternativen zum üblichen Brot zu haben. Auch wer den Kohlenhydratanteil in seiner Nahrung vermindern will, ist mit Keimsaatenbrot gut bedient, zumal sich diese basisch verstoffwechseln. Keimsaatenbrote können leicht selbst hergestellt werden, im Dörrgerät oder (wie früher) auch ohne Energieverbrauch bei ausreichend Sonne.
Es wird gesagt, dass der Keimprozess für Samenkörner das ist, was der Prinz für Dornröschen war. Der „schlafende" Samen wird „aufgeweckt", indem durch Einweichen die Keimhemmung der Samen aufgehoben, und die Lebenskraft der Samen aktiviert wird. Nicht beschädigte Samen können viele Jahre aufbewahrt werden und sind immer noch keimfähig. In Verbindung mit Wasser entwickeln sie sich in kurzer Zeit zu Keimlingen und dann zu Pflanzen (siehe Exkurs Keimen S. 102). Beginnt das Samenkorn zu keimen, kommt ein großer Umwandlungsprozess in Gang, der Vitamingehalt steigt um ein Vielfaches und es werden neue Eiweißstoffe gebildet. Der Ausgangsstoff Getreidesamen wird durch das Keimen zu Gemüse, auch Keimgemüse genannt. Stoffe wie Tannine u.a., die das Verdauen von Korn erschweren, werden abgebaut. Die gekeimten Getreide können aus Weizen, Roggen, Dinkel, Nackthafer u.a. bestehen. Besonders fein wegen seines nussigen Geschmacks ist aber Buchweizen, der zudem auch noch glutenfrei ist.
Bei den nachfolgenden Rezepten sind die Brote im Dörrgerät hergestellt. Wer erst einmal experimentieren möchte, kann den Teig auch im Backofen bei niedrigster Temperatur garen (nicht vergessen: Kochlöffel in die Backofentür stecken, um die Feuchtigkeit abzuführen). Um alle Nährstoffe zu erschließen, ist es wichtig, Keimsaatbrot gut zu kauen. Kühl und trocken aufbewahrt, sind sie recht lange haltbar.

Buchweizen-Urbrot

Buchweizen, ein Knöterichgewächs aus der Familie der Gräser, gehört zur Gruppe der Pseudogetreide. Ursprünglich stammt er wahrscheinlich aus China, wird aber seit Jahrhunderten auch bei uns angebaut. Der Vorteil ist, dass er wie Getreide verwendet werden kann, aber kein Gluten enthält. Im Handel wird Buchweizen geschält angeboten, er ist aber noch keimfähig.
Die gekeimten Buchweizenkörner (Anleitung siehe S. 102) in der Küchenmaschine pürieren. Den Teig zu Fladen formen und auf mit Backpapier/Dörrfolie ausgelegte Siebe des Dörrgerätes 3 bis 4 mm dick mit der Rückseite eines Esslöffels gleichmäßig aufstreichen und bei 42°C ca. 6 bis 8 Stunden lang trocknen, dann wenden und ohne Backpapier/Folie fertig dörren. Bei längerer Dörrzeit werden die Fladen knuspriger. Wer das Dörrbrot lieber weicher mag, nimmt es früher heraus (dann ist es aber nicht so lange haltbar). Ohne Gewürze getrocknet sind die Fladen vielseitig verwendbar, z.B. mit einem süßen Belag aus Früchten oder Obstpüree, aber auch als herzhafter Imbiss einfach mit etwas gutem Öl und Tomate, Paprika, Gurke etc. Für würzige Fladen können dem Buchweizenteig z.B. Rosmarin, Basilikum, Knoblauch, Kräutermischungen wie Kräuter der Provence oder italienische Kräuter, getrocknete Tomatenstückchen, geraspelte Karotten und dgl. zugegeben werden. Für süße Fladen können dem Teig Rosinen, kleine Dattel- Apfel-, Feigen- oder Bananenstücke und – für noch mehr Süße – etwas Honig oder Ahornsirup zugesetzt werden. Biegsame Fladen können, mit würzigen oder süßen Aufstrichen versehen, zu Wraps gerollt werden.

Weizen und Roggen keimen gewöhnlich ohne Probleme. Im Folgenden ist je ein Basis-Rezept mit gekeimten Körnern aus diesen Getreiden aufgeführt.

Roggenkeimfladen

120 g Roggen, gekeimt
100 g Goldleinsamen
100 g Gemüse, z.B. geraspelte Karotten
1 TL Kräutersalz
1 TL Thymian
0,2 l Wasser
Sonnenblumenkerne oder Sesam zum Bestreuen

Vorab den Roggen 3 Tage keimen lassen. Leinsamen schroten und zusammen mit den anderen Zutaten im Mixer fein pürieren. Den Teig auf mit Backpapier/Antihaftfolie ausgelegte Dörrsiebe zu kleinen flachen Fladen formen oder die Teigmasse etwa 0,5 cm dick aufstreichen und später portionieren. Bei 42°C dörren, nach etwa 4 bis 5 Stunden wenden und ohne Papier/Folie nach Geschmack kürzer (weicher) oder länger (krosser) fertigdörren. Ergibt 280 g Fladenbrot mit leicht würzigem Geschmack.

Schmeckt sehr gut mit einer Creme aus selbstgemachtem Nussmus (100 g ungesalzene Cashewnüsse, 20 g Hefeflocken, ½ bis 1 TL Salz, 1 TL Knoblauchpulver, eine gute Prise frisch gemahlener schwarzer Pfeffer und etwas Wasser im Mixer nicht zu fein pürieren) und einem Belag aus Paprika, Tomaten, Gemüsezwiebeln und Oliven.

Weizenkeimbrot

200 g Weizen, gekeimt
100 g Buchweizengrütze
0,2 l Wasser
3 EL Flohsamenschalen
½ TL Koriander
½ TL Fenchel
½ TL Thymian
½ TL Kreuzkümmel
½ TL naturbelassenes Salz
1 EL Olivenöl

Vorab den Weizen 3 Tage lang keimen lassen. Die Weizenkeimlinge im Mixer zerkleinern, dann mit den anderen Zutaten zu einem homogenen Teig verarbeiten. Den Teig auf mit Backpapier/Antihaftfolie ausgelegte Dörrsiebe mithilfe der Rückseite eines Esslöffels zu kleinen flachen Fladen formen. Oder die Teigmasse etwa 0,5 cm dick aufstreichen und später portionieren. Sollte der Teig sehr kompakt sein, immer wieder die Rückseite des Esslöffels beim Verstreichen mit kaltem Wasser benetzen. Bei 42°C dörren, nach etwa 4 bis 5 Stunden wenden und ohne Papier/Folie nach Geschmack kürzer (weicher) oder länger (krosser) fertigdörren. Ergibt etwa 250 g Fladenbrot mit leicht nussigem Geschmack.

8.25: Roggen keimt schneller als Dinkel.

8.26: Buchweizenkeime.

8.27: Weizenkeime.

Exkurs Keimen

Zum Keimen von Roggen, Weizen, Buchweizen und anderen Saaten gibt es für wenig Geld im Handel spezielle Glasbehälter mit Siebdeckel. Keimen ist aber auch einfach nur mit einem feinmaschigen Küchensieb und einer Glasschüssel oder einem Einmachglas/großem Gurkenglas möglich. Da die Körner beim Keimen bis zum vierfachen Volumen anschwellen können, sollten im Keimglas nicht mehr als 2 bis 3 Esslöffel der gewählten Saat in ein Sieb gegeben werden. Das verhindert auch, dass sie schlecht werden können, weil sie zu dicht aufeinander liegen. Beschädigte Körner nach Möglichkeit aus dem Sieb entfernen, sie gären leicht und können die anderen Keimlinge verderben. Die Saat nun unter fließendem Wasser spülen:

- Die gewaschenen Samen in einer Schüssel/im Keimglas mit reichlich kaltem Wasser übergießen und einweichen lassen. Die Körnchen sollten gut mit Wasser bedeckt sein (ca. 1 Teil Körnchen, 3-4 Teile Wasser).
- Die Einweichzeiten sind sehr unterschiedlich: Während Roggen, Dinkel und Weizen eine Einweichzeit von 6 bis 12 Stunden vertragen, sollte Buchweizen nur kurz eingeweicht werden, d.h. etwa 20 Minuten. Buchweizenkörner sind im Handel praktisch nur in geschälter Form erhältlich, bei längerem Einweichen werden sie matschig und verlieren ihre Keimfähigkeit. Das Einweichwasser sollte immer kalt sein, auch beim folgenden Wässern, da das Getreide sonst bereits im Wasser zu gären anfangen kann. Dies ist bei Roggen eher der Fall als bei Weizen.
- Nach der Einweichzeit das Wasser abgießen, die Körner gut mit kaltem Wasser abspülen und abtropfen lassen. Die käuflichen Keimgläser haben eine praktische Halterung (Foto rechts), so kann das Glas auf einem Teller schräg aufgestellt werden, damit alles überschüssige Wasser leicht abtropfen kann.
- Nun morgens und abends die Körnchen wässern, im Sommer auch dreimal am Tag, damit sie nicht austrocknen und eingehen. Dazu kaltes Wasser durch den Siebdeckel in das Keimglas füllen, die Körnchen einmal durchspülen. Dabei das Glas schwenken, damit alle Keimlinge bedeckt benetzt werden. Das Wasser erst nach ein paar Minuten wieder abgießen, damit sich die Keimlinge mit Wasser vollsaugen können. Das Keimglas wieder gekippt auf den Teller stellen, damit das restliche Wasser abfließen kann. Die Keimlinge sollten zwar feucht sein, aber nicht im Wasser liegen. Die Körner im Keimglas bei Zimmertemperatur (nicht nahe der Heizung) ohne direkte Sonneneinstrahlung so lange wässern, bis sich kleine Keime bilden. Nach 2 bis 3 Tagen Keimen können die Keimlinge weiter verarbeitet werden, sie lassen sich aber auch im Kühlschrank ein bis zwei Tage aufbewahren. Die Körner sollten am besten weiterverarbeitet werden, wenn die kleine weiße Wurzel nicht viel größer als das Korn selbst ist, spätestens aber bei doppelter bis dreifacher Länge, sonst steigt die Fäulnisgefahr. Das Keimglas bis zum nächsten Gebrauch gut reinigen. Frische Keimlinge schmecken mild, riechen sie säuerlich, ist mit dem Keimen etwas schief gegangen, dann sollten sie entsorgt werden.
- ***Tipp:*** Im Sommer gibt es oftmals Probleme mit Fruchtfliegen, die von den Keimlingen im Glas angezogen werden und es schaffen, durch die Löcher im Siebdeckel in das Keimglas einzudringen. Abgesehen davon, dass sie lästig sind, können auch sie bewirken, dass die Körner leichter schlecht werden. Hier hilft es, ein Mulltuch (Babyabteilung Kaufhaus) oder Teile eines alten Nylonstrumpfes über dem Siebdeckel mit einem Gummi befestigen.

Exkurs Superfoods: Mythen in Tüten?

So genannten Superfoods wie z.B. Chia-Samen aus Mittelamerika und Quinoa aus den Anden wird nachgesagt, dass ihr Gehalt an bestimmten Nährstoffen (Vitamine, Mineralstoffe, Spurenelemente) besonders hoch sei. Der Begriff Superfood ist rechtlich nicht definiert und kann als Kaufanreiz im Prinzip auf jeder Nahrungsmittelpackung angepriesen werden, ohne dass der Inhalt sich überhaupt gesundheitsfördernd auswirken muss. Nun haben als Superfood bezeichnete Lebensmittel, die aus fernen Ländern kommen, nicht nur lange Transportwege hinter sich und sind in der Regel recht teuer, sondern sie können auch beträchtliche Mengen an Pestiziden, Cadmium, Mineralöl und anderen Schadstoffen enthalten, d.h. sogar eher gesundheitsschädlich als -fördernd sein. Denn in vielen Anbaugebieten der Erde gelten noch immer andere Höchstgrenzen für Schadstoffe als bei uns.

Regionale Alternativen

Superfoods von weit her können zwar gute Lebensmittel sein, aber sicherlich keine Wunder bewirken. Sie sind zudem nicht unbedingt notwendig, da es auch heimische „Superfoods" gibt, die gleichfalls besonders viele Vitamine und Nährstoffe enthalten. In den Rezepten in diesem Buch sind deshalb Zutaten wie z.B. Chia-Samen (heimischer Ersatz z.B. Leinsamen) oder Quinoa, ein glutenfreies Pseudogetreide (heimischer Ersatz z.B. Buchweizen) nicht bzw. selten aufgeführt. Wer sich die recht teuren Zutaten trotzdem ab und zu leisten will, um Geschmacksvarianten zu erhalten, sollte beim Einkauf Fairtrade-Produkte aus biologischem Anbau bevorzugen.

Omega-3-Fettsäuren: Unsere heimischen Leinsamen sind den Chia-Samen ähnlich, sie quellen stark auf und enthalten fast ebenso viele Omega-3-Fettsäuren, mehr Eiweiß und Ballaststoffe, aber keine Kohlenhydrate (siehe Tabelle). Die Omega-3-Fettsäuren helfen, den Cholesterinspiegel und Blutdruck niedrig zu halten und beugen Schlaganfall und Herzinfarkt vor. Die europäische Behörde für Lebensmittelsicherheit (Efsa) empfiehlt, täglich nicht mehr als 15 g unverarbeitete Chia-Samen (ca. 1,5 EL) zu sich zu nehmen, weil es noch keine wissenschaftlichen Erkenntnisse darüber gibt, wie der Körper auf höhere Dosen reagiert. Auch sind mögliche Kreuzreaktionen mit anderen Lebensmitteln (Nüssen, Obst, Gemüse, Samen) noch nicht erforscht. Für den Verzehr von Leinsamen gibt es dagegen keine Mengenbegrenzung. Das Bundeinstitut für Risikobewertung rät allerdings, nicht mehr als 15 g Leinsamen pro Mahlzeit zu verzehren, Schwangere nicht mehr als 20 g täglich, da Leinsamen von Natur aus Spuren von Blausäure enthalten.

Antioxidantien, die der Zellalterung vorbeugen sollen, sind in vielen heimischen Obst- und Gemüsearten sowie in Wildpflanzen zu finden. Dazu gehören z.B. Tomaten und Äpfel, aber auch Hagebutten und Sanddorn. Ähnlich reich an hochwertigem Eiweiß wie Chiasamen sind z.B. Brennnesselsamen, aber auch unsere heimischen Esskastanien.

Mineralstoffe wie Kalium sind in hoher Konzentration in Brokkoli, Blumenkohl, Löwenzahn, Himbeeren, Pilzen und Rhabarber zu finden. Grünkohl ist eine sehr gute Kalziumquelle und die bei Gärtnern ungeliebte Wildpflanze Giersch ist eine sehr reichhaltige Mineralstoffquelle, Brennesseln wiederum enthalten viel Eisen.

Nährstoffe von Chia-Samen und Leinsamen

Nährstoffgehalt in g /100 g im Mittel	Leinsamen	Chia-Samen
Fett	31	31
Gesättigte Fettsäuren	3	3
Einfach ungesättigte Fettsäuren	6	2
Omega-6-Fettsäuren	4	7
Omega-3-Fettsäuren	17	19
Eiweiß	24	17
Kohlenhydrate	0	42
Ballaststoffe	39	34

Die Stiftung Warentest hat die trendigen Chia-Samen mit den altbewährten Leinsamen verglichen. Zwar bestehen geschmacklich Unterschiede, aber kaum welche bei der Zusammensetzung der Nährstoffe. Nach: Stiftung Warentest 11.6.2015: Chia-Samen: Was bringt die Trend-Saat aus Mittelamerika? https://test.de/Chia-Samen

9 Jerky

Fleisch wird seit Urzeiten durch Dörren haltbar gemacht. Ursprünglich stellten Menschen Trockenfleisch aus Tieren her, die zu groß waren, um sie auf einmal aufzuessen. Die nordamerikanischen Indianer mixten getrocknetes Bisonfleisch mit Trockenfrüchten und Talg/Knochenmarkfett als sättigende Nahrung für unterwegs und nannten dies „Pemmikan". Für das in Südafrika hergestellte Trockenfleisch, dort als „Biltong" (siehe auch S. 108) bezeichnet, wurde das Fleisch von Wildtieren wie Kudu, Strauß, Krokodil usw. luftgetrocknet und war typischerweise mit Koriander und Essig gewürzt. Luftgetrocknetes Fleisch war nicht nur einst Grundnahrungsmittel europäischer Bergbauern, sondern diente in vielen Ländern der Erde in den langen und harten Wintermonaten schlichtweg zum Überleben, hergestellt aus Tieren, die in der jeweiligen Gegend vorkamen.

Heute findet Trockenfleisch aller Art, meist in fingerdicke Streifen geschnitten, unter dem englischen Wort „Jerky" bei uns zunehmende Beliebtheit. Wer Pech hat, wird finden, Jerky schmecke wie alte Schuhsohle, sei nur noch zäher. Richtig zubereitet ist es aber ein Genuss für kaufreudige Menschen. Jerky wird nicht nur von Sportlern und Wanderern als leichtgewichtige „Aufbaunahrung" geschätzt, sondern ist auch im Büro, bei der Autofahrt oder vor dem Fernsehgerät eine aromatische Knabberei. Jerky ist eiweißreich, dabei fett- und kohlenhydratarm sowie einfach und vergleichsweise preiswert herzustellen. Von einem Kilo Frischfleisch – am besten natürlich aus artgerechter Tierhaltung - bleibt nach dem Trocknen durch den Wasserverlust noch etwa 300 bis 350 g Trockenfleisch übrig.

Industriell gefertigtes Jerky ist in gutsortierten Supermärkten erhältlich, meist zu stolzen Preisen und nicht selten mit künstlichen Geschmacksstoffen und chemischen Zusätzen zur Haltbarmachung versetzt. Wer die Herstellung selbst in die Hand nimmt, kann darauf verzichten. Und das ist gar nicht schwierig, wie im Folgenden gezeigt wird. Auch hier gilt wieder: Gut Ding braucht Weil, auch Jerky ist Slowfood.

Prinzipiell sind für Jerky alle mageren Fleischsorten geeignet, die nur geringe Fettanteile haben, wie z.B. Reh- oder Hirsch, Wildschwein, Lamm usw. Gewöhnlich wird bei uns Jerky aber aus Rindfleisch („Beef Jerky", siehe unten) hergestellt. Anders als bei rohem Schweine- und Geflügelfleisch, das vor oder nach dem Marinieren und Dörren noch gekocht oder gebraten werden sollte, ist dies bei Rindfleisch nicht nötig. Bei rohem Schweine- und Geflügelfleisch wird dies empfohlen, da hier eine potenzielle Gesundheitsgefährdung höher ist als bei Rindfleisch, denn die Temperaturen im Dörrgerät sind womöglich nicht hoch genug, um schädliche Mikroorganismen sicher abzutöten (siehe S. 108/109).

Ursprünglich wurde das Fleisch einfach an der Luft oder in der Sonne getrocknet. Das dauerte seine Zeit und das Problem mit den Fliegen oder sonstigen unliebsamen Gästen war schlecht in Griff zu bekommen. Außerdem war die Qualität des Ergebnisses nicht unbedingt voraussehbar und entsprach kaum den heutigen Gesundheitsstandards. Bei ungünstiger Witterung konnte es zudem sein, dass die kostbare Nahrung nicht trocknete, sondern schimmelte.

Im Backofen lässt sich Jerky bei Umluft und etwas geöffneter Tür hängend über den Stangen eines Gitterrostes oder auf Blechen ausgebreitet trocknen. Nachteilig ist allerdings der hohe Stromverbrauch und dass sich bei vielen Backöfen selbst eine Temperatur von 70°C nicht zuverlässig einstellen lässt.

Besser und energieeffizienter als im Backofen bewährt sich auch hier wieder ein Dörrgerät nach Wahl. Wer den Geruch nicht so recht mag, der sich während des Dörrvorgangs einstellt, sollte das Dörrgerät einfach in einen Nebenraum oder nach draußen verbannen.

Beef Jerky

Bekannterweise ist Fett zwar ein guter Geschmacksträger, doch wird es leicht ranzig. Trockenfleisch sollte ja eine Weile haltbar sein, deshalb ist nur mageres, zartes Fleisch geeignet. Am besten gelingt Beef Jerky mit dünnem Rouladenfleisch, mit Filets oder Hüftsteaks. Es macht einen kleinen Unterschied, ob das Fleisch quer oder längs zur Faserrichtung geschnitten wird. Das getrocknete Fleisch, quer zur Faserrichtung geschnitten, ist etwas weicher, d.h. leichter zu kauen als beim Schnitt längs zur Faser. Angefrorenes Fleisch lässt sich einfacher schneiden (am besten und gleichmäßigsten in einer Brotschneidemaschine). Je billiger das Fleisch ist, desto mehr Wasser enthält es in der Regel. So können aus 1500 g Fleisch gerne auch mal nur rund 400 g Trockenfleisch werden, wobei die Marinade nur unerheblich zum Endgewicht beiträgt. Beim Umgang mit Fleisch ist gute Hygiene sehr wichtig, damit sich keine gesundheitsgefährdenden Mikroorganismen wie Salmonellen, Campylobacter oder Colibakterien und dgl. im Fleisch selbst oder in der Marinade vermehren können.

Tipps zur Herstellung:

1. Hände gut waschen, ebenso sollten alle benötigten Utensilien absolut sauber sein.
2. Das Fleisch mit einem scharfen Messer in 2 -5 mm dicke Scheiben beliebiger Länge schneiden, dabei alles sichtbare Fett und Bindegewebe entfernen. Wie oben erwähnt, sollte das Fleisch am besten quer zur Faser geschnitten werden (keine langen Fleischfasern), entlang der Faser geschnitten, wird das Fleisch zäher. Die Fleischstreifen sollten etwa gleich groß sein, damit die Trocknungszeit nicht zu sehr differiert. Wer kein Rouladenfleisch nimmt, kann sich viel Arbeit ersparen, wenn der Metzger seines Vertrauens das gewählte Stück Fleisch in dünne Scheiben schneidet. Er hat sicherlich das schärfere Messer bzw. eine gute Schneidemaschine!
3. Die schmalen Fleischstücke werden in einer Marinade (siehe S. 110 ff) 6 bis 24 Stunden lang eingelegt und im Kühlschrank aufbewahrt. Wer mag, kann das Fleisch ab und zu etwas durchkneten, um allseitig die Marinade bestmöglich einzumassieren.
4. Die marinierten Fleischstreifen auf einer doppelten Lage Küchenpapier auslegen, flach drücken, geradeziehen und mit Küchenpapier gut trockentupfen. Die überschüssige Marinade nicht mehr weiterbenutzen! Wer kräftige Aromen liebt, kann nun noch mit trockenen Gewürzen sparsam nachwürzen, z.B. mit Salz (was den Feuchtigkeitsentzug weiter fördert), Paprikapulver, Chili, Kräutern aller Art usw.
5. Die Fleischstreifen im Backofen oder besser im Dörrgerät bei 70°C auf Dörrsieben mit etwas Abstand zueinander bzw. über den Stangen eines Gitterrostes hängend oder liegend im Backofen mit Umluft so lange dörren, bis sie eine trockene Konsistenz haben. Die Fleischstreifen sind ausreichend getrocknet, wenn sie beim Biegen etwas knacken, sich aber nicht brechen lassen. Je nach Fleischdicke, Dörrgerät und dessen Beladung sowie den Vorlieben des Kochs/der Köchin, was die Konsistenz des Trockenfleisches betrifft (gummiartig oder eher knusprig), betragen die Dörrzeiten bei einer Temperatur von 70°C zwischen 6 und 10 Stunden. Nach etwa der Hälfte der Dörrzeit empfiehlt es sich, die Siebe im Wechsel umzuschichten, damit die Fleischstücke gleichmäßig trocknen. Ausreichend gedörrte kleinere Stücke können herausgenommen werden, ansonsten alle 20 bis 30 Minuten prüfen. Sind die Jerkystücke für den alsbaldigen Verbrauch be

9.1: Rouladenfleisch, vorgeschnitten in dünne Scheiben und mariniert.

stimmt, brauchen sie nicht so stark auszutrocknen, sie bleiben dann etwas weicher. Im Verlauf der Trocknung ändert sich die Farbe des Fleisches , rotes Rindfleisch wird fast schwarz.

6. Die Jerkys möglichst luftdicht aufbewahren. Sauerstoff und Luftfeuchtigkeit lassen Bakterien und Schimmelpilze schnell wachsen, besonders, da ja keine Konservierungsstoffe verwendet werden. Gut geeignet sind z.B. gut verschließbare Kunststoffdosen, Einmachgläser, aber auch Zip-Beutel oder Twist-Off-Gläser.
7. Das Fleisch vor dem Aufbewahren gut auskühlen lassen. Es sollte richtig trocken sein. „Schwitzt" es nach dem Abkühlen, ist es innen noch zu feucht. Rückstände von Flüssigkeit können Kondenswasser an den Wänden des Aufbewahrungsgefäßes bilden und anschließend zu Schimmel führen. Bei Raumtemperatur ist gut durchgetrocknetes Fleisch, lichtgeschützt und trocken aufbewahrt, mindestens einen Monat lang haltbar. Wird es kühl aufbewahrt, ist es auch länger haltbar, ebenso, wenn es vakuumiert wird. Nach etwa 2 Tagen hat das Trockenfleisch sein volles Aroma entfaltet. Trockenfleisch, das merkwürdig riecht oder Schimmel hat, sollte natürlich entsorgt werden.
8. Wer die getrockneten Fleischstreifen, die Jerkys, nicht einfach zum Knabbern verwenden will, sondern damit bei Trekkingtouren kochen möchte, schneidet das Fleisch vor dem Dörren besser in kleine Würfel oder dörrt Hackfleisch (siehe S. 114 ff). Pro Person rechnet man mit etwa 45 g Trockenfleisch (entsprechend etwa 150 g Frischfleisch) oder etwas weniger. Zum Kochen bestimmtes Fleisch sollte vor dem Trocknen nur leicht gewürzt werden, sonst wird der Geschmack leicht zu dominant.

Trocknen in der Biltongbox

Als Biltong wird die afrikanische Variante von getrocknetem Fleisch von Rind oder Wild bezeichnet. Im Internet gibt es mehrere Bauanleitungen, die beschreiben, wie eine Biltongbox, im Prinzip ein Trockenschränkchen aus Sperrholz, mit wenig handwerklichem Geschick oder sogar ganz einfach aus einem Pappkarton gebaut werden kann. Als Wärmequelle dient eine 60-Watt-Glühbirne, zur Luftzirkulation werden unten und oben Löcher eingebohrt. Die Box nutzt den natürlichen Kamineffekt: Die unten angebrachte Glühbirne erwärmt die Umgebungsluft, die nach oben über die Bohrungen im Deckel der Box entweicht und kühlere Luft von unten nachzieht. Alternativ kann statt der Glühbirne auch ein kleiner Ventilator (oder PC-Ventilator) eingebaut werden. Biltong-Fans sind der Meinung, dass Wärme zum Herstellen von Trockenfleisch weniger wichtig ist als eine stete, nicht feuchte Luftbewegung. Im feuchten mitteleuropäischen Klima muss die Luft aber meist erwärmt werden, damit sie ausreichend trocken ist.

Salmonellen, Campylobacter und Co

Rohes Fleisch vom Rind, Geflügel, Schwein oder Wild birgt immer die Gefahr, dass es pathogene Mikroorganismen enthält. Das betrifft vor allem Fleisch, das nicht durch amtliche Tierärzte als tauglich für den menschlichen Verzehr beurteilt wurde. Nun ist die Anfälligkeit für schädliche Mikroorganismen nicht bei jeder Fleischsorte gleich hoch. Bei Rindfleisch, wenn es sauber produziert und verarbeitet wird, ist die Gefahr recht gering, selbst wenn es roh verzehrt wird (Carpaccio vom Rind, Steaks, die im Kern noch blutig serviert werden, sind hierzulande ja durchaus übliche Speisen). Anders verhält es sich mit Geflügel- und Schweinefleisch. Bei diesen ist die Keimanfälligkeit weitaus größer, was, wenn das Fleisch nicht ausreichend durchgegart ist, zu schweren Krankheiten führen kann. Besonders bei rohem Hackfleisch ist das gesundheitsgefährdende Potenzial hoch, weshalb geraten wird, es ebenso wie Fleischstücke von Schwein und Geflügel vor oder nach dem Dörren zu kochen oder ohne Fett zu braten (das hilft auch, noch vorhandene Fettanteile zu entfernen).

Das Bundesinstitut für Risikobewertung (BfR) gibt an, dass Fleisch vor dem Verzehr ausreichend und gleichmäßig zu garen sei (Innentemperatur mindestens 70°C für 2 Minuten). Bis die Innentemperatur von zu trocknendem Fleisch im Dörrgerät/Backofen 70°C erreicht hat, dauert es eine

Weile, denn erst einmal wird die entweichende Feuchtigkeit viel Wärme absorbieren. Wer sich nicht sicher ist, dass die Fleischstreifen im Dörrgerät überhaupt eine Innentemperatur von 70°C erreichen, sollte sie vorgaren und während der gesamten Dauer des Dörrvorgangs dann eine Temperatur von 55 bis 60°C einhalten. So kann die im Fleisch verbliebene Feuchtigkeit recht schnell abgeführt werden, was das Wachstum von Mikroorganismen verhindert.
Wissenschaftler der Universität von Wisconsin empfehlen, Fleisch bei 63°C bis 68°C mindestens 4 Stunden lang zu dörrenund dann für weitere 10 Minuten im Backofen, der auf 135°C vorgeheizt ist. Durch diese Nacherhitzung sei gewährleistet, dass das Fleisch auch innen eine Temperatur von 70°C erreicht. Die Nachheizmethode schafft ein angenehmeres Kaugefühl beim Verzehr von Jerkys, heißt es.

Marinaden

Marinaden sind das A und O für Jerkys und aus mehreren Gründen sinnvoll. Zum einen geben sie dem Fleisch Geschmack, zum anderen wird es dadurch zarter. Die meisten Marinaden enthalten Salz und Säuren wie Essig oder Zitronensaft. Das hilft, Zellwasser schneller abzuführen, was sich auf die Länge des Trockenvorgangs günstig auswirkt. Außerdem hemmt Säure die Bakterienvermehrung. Prinzipiell gibt es flüssige und trockene Marinaden („Rubs"). Bei den trockenen Marinaden wird das Fleisch im einfachsten Fall nur mit Pfeffer, Salz (2 TL Salz pro kg Fleisch sind ausreichend, wenn die Marinade sonst keine salzigen Bestandteile enthält) und vielleicht ein bisschen Paprikapulver eingerieben. Kenner sind der Meinung, dass so der Fleischgeschmack am besten erhalten bleibt. Weitere beliebte Gewürze und Kräuter sind Chili, Curry, Rosmarin, Knoblauch- und Zwiebelpulver, Thymian und dgl. Auch etwas Süße in Form von braunem Rohrzucker, Honig, Fruchtsaft etc. trägt zum Aroma der Marinade bei (Anhaltspunkt: 2 TL Zucker pro 1 kg Fleisch). Die Zugabe von Aromen wie Rauchsalz (über Holzrauch aromatisiertes Steinsalz) oder geräuchertes Paprikapulver sind Varianten, mit denen ebenfalls experimentiert werden kann. Die Gewürze werden ohne viel Kraftaufwand in das Fleisch sanft eingerieben, am besten mit Einweghandschuhen, sonst bleibt zu viel an den Händen kleben. 4 bis 5 EL Trockenmarinade sind ausreichend für 1 kg Fleisch. Überschüssige Trockenmarinade nicht weiterverwenden oder aufheben, sie kann Träger von Bakterien sein, die sich u.U. weitervermehren, da sie ja bereits mit Fleisch in Kontakt kam. Wird das Fleisch in flüssige Marinaden eingelegt, kön-

9.2, 9.3 und 9.4: Mit selbstgemachten Marinaden können Jerkys zu langanhaltenden aromatischen Geschmacksexplosionen im Gaumen führen... *Mitte:* Gute Idee: Ein Strauß Jerkys statt Blumen zur Begrüßung.

9.2

9.3

9.4

nen Trockengewürze zusätzlich vor dem Dörren in das Fleisch sanft eingeklopft werden, nachdem die überschüssige Marinade entfernt ist.

Seit Grillen zum Volkssport geworden ist, gibt es Würzsaucen in jeder Geschmacksrichtung in den Supermärkten. Bei ihrer Verwendung kann auf weitere Gewürze verzichtet werden. Von den vielen Möglichkeiten, das Fleisch zu aromatisieren, sollten nur Öle und Fette ausgeschlossen werden, da das Fleisch dann schneller ranzig werden kann. Fertigsaucen wie BBQ-, Worcester(shire)-, Teriyaki- oder einfache Soja- und Chilisaucen sind für Marinaden schnell bei der Hand, ebenso die vielen fertigen Trockengewürzmischungen (z.B. Gyrosgewürz, Kräuter der Provence, Magic Dust). Mit der Zeit wird es aber sicher interessanter sein, selbst kreativ mit Gewürzen, Saucen und anderen Zutaten zu experimentieren und die ureigene Marinadenmischung herzustellen – ob würzig, fruchtig, süßsauer, scharf oder was auch immer. So ist auch immer klar, welche Zutaten verwendet wurde. Selbstgemachte Marinaden sind ein ideales Betätigungsfeld, um mit Aromen zu experimentieren! Die Fleischstreifen können durchaus bei einem Dörrdurchgang auf den Sieben unterschiedlich mariniert sein. Bei Beefjerky mögen viele ein bisschen Raucharoma. Raucharomen gibt es in fester (Rauchsalz) oder flüssiger Form (Liquid Smoke, Flüssigrauch). Sie sind in gut sortierten Lebensmittelläden erhältlich oder können im Internet bestellt werden. Es heißt, dass Raucharomen weniger Schadstoffe enthalten als dies bei Lebensmitteln der Fall ist, die ihr Aroma durch herkömmliches Räuchern mit Holz erhalten.

Wer Flüssigrauch benutzt: 1 TL pro kg Fleisch ist ausreichend, wenn nicht alles nach Rauch schmecken soll.

Puristen lassen für ein optimales Aroma die fertig zubereitete Marinade erst über Nacht an einem kühlen Ort durchziehen, bevor sie das Fleisch einlegen. Im Folgenden werden einige gängige und wohlschmeckende Marinaden vorgestellt. Zu viel des Guten kann den Geschmack des Fleisches allerdings sehr beeinträchtigen. Besser ist, auf eine sehr gute Fleischqualität zu achten und sparsam zu würzen. Anhaltswert: Ein Gewichtsteil flüssige Marinade ist ausreichend für die 4 bis 5-fache Menge Fleisch (d.h. 200 bis 250 g Marinade ist ausreichen für 1 kg Fleisch). Die nachfolgenden Mengenangaben für die Marinade sind für Fleisch berechnet, das in einer Schüssel mariniert (häufiger durchrühren) wird. Der Anteil an Marinade kann etwas reduziert werden, wenn sie in einem Gefrierbeutel angemischt, das Fleisch dazugegeben, die Luft herausgepresst und immer wieder durchgeknetet wird, damit die Marinade allseits in die Fleischstreifen eindringt.

Marinaden: Zutaten zum Experimentieren

Fertigsaucen: BBQ-Saucen, Chilisaucen, Ketchup, Sojasauce, Tabascosauce, Teriyakisauce, Worcester(shire)sauce u.v.m.

Flüssigkeiten: Balsam-, Apfel- Sherry- oder Weinessig, Bier, Brandy, Sherry, Wein, Whisky, Zitronensaft

Aroma extra: Flüssigrauch („Liquid Smoke"), Rauchsalz, Rauchpaprika, Honig

Getrocknete Kräuter: Basilikum, Rosmarin, Thymian, Majoran, Dill, Oregano, „Kräuter der Provence",

Trockengewürze: Salz, Rohrzucker, Chili- und Zitronenpfeffer, Paprika, Estragon, Bohnenkraut, Ingwer, Curry, „Garam Masala" (indische Gewürzmischung), Curcuma, Kreuzkümmel, Gyros-Gewürz, Muskat, Senfpulver, Chilipulver, Koriander

Gemüsiges: Knoblauch, Zwiebeln (kleingehackt oder in Pulverform), frischer Ingwer

Ein paar generelle Hinweise

- Je länger das zu trocknende Fleisch (im Kühlschrank) mariniert wird – 6 bis 24 Stunden -, desto stärker ist sein Geschmack danach.
- Je dicker das Fleischstück ist, desto länger braucht die Marinade, um es umfassend zu würzen.
- Immer in einem säurebeständigen Behältnis marinieren (Glas, Porzellan, TK-geeignete Zip-Beutel).
- *Tipp:* Wurden die Jerkys nicht ausreichend gewürzt oder zu hart getrocknet, hilft es, sie für 10 Minuten in eine neue Marinade einzulegen und dann noch einmal für eine Weile zu dörren.

Die folgenden Marinaden

sind bemessen für 400 bis 500 g Fleisch.

Trockene Marinade I

2 TL Zwiebelpulver
2 TL Knoblauchpulver
1 TL brauner Rohrzucker
1 TL schwarzer Pfeffer, gemahlen
1 TL Rauchsalz
1 TL Balsamessig

Trockenmarinaden werden in das rohe Fleisch sanft einmassiert und halten dort durch die Feuchtigkeit im Fleisch. Die Bestandteile der Marinade gut miteinander vermengen, die Fleischstreifen damit würzen und im Kühlschrank bis zu 24 Stunden einwirken lassen. Das Fleisch dann rund 7 Stunden bei 70°C im Dörrgerät trocknen. Der Rindfleischgeschmack ist gut erkennbar.

Trockene Marinade II

1 TL Paprikapulver
1 TL brauner Rohrzucker
1 TL naturbelassenes Salz
½ TL Selleriesalz (S. 62)
½ TL Kreuzkümmel, gemahlen
½ TL Cayennepfeffer
½ TL Chilipulver
½ TL Zwiebelpulver (S. 57)
½ TL Knoblauchpulver (S. 55)
½ TL Senfpulver

Trockene Marinade III

1 TL Paprika (mild)
1 TL brauner Rohrzucker
1 TL naturbelassenes Salz
1 TL Cayennepfeffer
1 TL Knoblauchpulver
1 TL Zwiebelpulver
½ TL schwarzer Pfeffer
½ TL Oregano

Paprika-Rub

2 TL Paprikapulver
1 TL geräuchertes Paprikapulver
1 TL brauner Rohrzucker
1 TL Meersalz
½ TL schwarzer Pfeffer, grob gemahlen
1 TL Zwiebelpulver
1 TL Knoblauchpulver

Basis-Flüssigmarinade

4 EL Sojasauce
1 EL Zitronensaft
1 Knoblauchzehe, gepresst
1 TL Senf
3 EL Tomatenpüree

Basis-Marinade II

4 EL Sojasauce
4 EL Worcester(shire)sauce
1 geh. EL brauner Zucker oder 2 TL Honig
1 Knoblauchzehe, geschält und ausgepresst
1 TL Pfeffer
½ TL Chilischote
½ TL Paprikapulver

Basis-Marinade III

4 EL Sojasauce
4 EL Worcester(shire)sauce
2 TL Tomatenmark
1 TL schwarzer Pfeffer
1 kleine Knoblauchzehe
2 TL Ingwerpulver
2 TL Currypulver

Sojasauce ist nicht gleich Sojasauce

Die Sojasauce Shoyu wird aus Sojabohnen, Wasser, Weizen und Meersalz hergestellt. Die Sojasauce Tamari (originales Tamari) ist etwas stärker im Geschmack und besteht nur aus Sojabohnen, Meersalz und Wasser. Auch Sojasaucen-Fans mit einer Glutenunverträglichkeit brauchen also nicht auf diese würzige Sauce zu verzichten.

Teryaki Beef Jerky Marinade

4 EL Teryaki Sauce (siehe S. 116)
2 TL Zwiebelpulver
2 TL Knoblauchpulver
2 TL frisch gemahlener schwarzer Pfeffer
½ TL Ingwer, fein gehackt
½ TL brauner Rohrzucker

Pfeffermarinade

4 EL Sojasauce
4 EL Worcester(shire)sauce
½ TL Rauchsalz
2 TL frisch gemahlener schwarzer Pfeffer
2 TL Zwiebelpulver
½ TL Knoblauchpulver

Rotwein-Marinade

8 EL Rotwein
2 EL Sojasauce
1 Knoblauchzehe, fein gehackt
2 TL Honig
½ TL schwarzer Pfeffer, gemahlen
½ TL Rauchpaprika
½ TL Rauchsalz

Süß-pfeffrige Marinade

2 EL brauner Rohrzucker
1 TL naturbelassenes Salz
½ TL schwarzer Pfeffer, gemahlen
3 EL Rotweinessig
½ TL Cayennepfeffer
1 TL Senfpulver
½ TL Zwiebelpulver

Nachfolgend 2 Marinaden für Jerkys aus Rindergehacktem. Das Hackfleisch sollte mit wenigen flüssigen Zutaten gewürzt werden, 2 EL Flüssiggewürz gerechnet auf 500 g Fleisch sind ausreichend. Bei zu viel Flüssigkeit können die gedörrten Hackfleisch-Jerkys krümeln und auseinanderfallen.

Marinade I für Rinderhack-Jerky

2 EL gehackte Zwiebeln
1 EL Sojasauce oder Tamari
1 EL Worcester(shire)sauce
1 EL brauner Rohrzucker
2 TL Paprika süß
1 Knoblauchzehe, gehackt
1 TL Rauchsalz
1 TL schwarzer Pfeffer, gemahlen
1 Prise Cayennepfeffer

Alle Zutaten, außer dem Hackfleisch, gut vermischen und 20 Minuten ziehen lassen. Dann die Gewürze sorgfältig in das Hackfleisch einarbeiten. Je länger die Gewürze mit dem Hackfleisch gemischt werden, desto weniger wird das Jerky beim Dörren reißen. Das gewürzte Hackfleisch eine Stunde im Kühlschrank ziehen lassen, damit sich die Zutaten gut verbinden. Jeweils einen Teil der Mischung auf Backpapier/Antihaftfolie geben und mit der Rückseite eines Esslöffels oder einer Teigkarte etwa 0,5 cm dick aufstreichen. Alternativ das Hackfleisch zwischen 2 Lagen Backpapier mit einem Teigroller 0,5 cm dick ausrollen,

9.5 und 9.6: Gedörrtes Rouladenfleisch trainiert die Kaumuskeln erheblich …

9.5

9.6

das obere Backpapier entfernen und das untere mit dem Fleisch auf ein Sieb im Dörrgerät legen. Bei 70°C 6 bis 12 Stunden dörren, dabei die Siebe mehrmals umwechseln. Sobald das Fleisch so trocken ist, dass es nicht mehr reißt, mit einem Pizzaroller oder einem scharfen Messer Streifen schneiden, sie dann vorsichtig vom Backpapier lösen und umgedreht weiter trocknen oder das Fleisch nach dem Dörren mit der Schere zerteilen. Das Trockenfleisch auskühlen lassen, trocken und kühl aufbewahren. Im Vergleich zu Beef Jerky aus Fleisch am Stück erfordern Jerkys aus Gehacktem eine weitaus geringere Kauleistung und haben auch eine andere Textur.

Vegetarische Worcestersauce

Eine häufig benutzte Würzsauce in Marinaden ist Worcester(shire)sauce, die gerne auch mit Sojasauce kombiniert wird. Sie wurde in England erstmals 1837 hergestellt und ist der mehrere Jahre lang fermentierte Extrakt aus Essig, Melasse, Zucker, Salz, Tamarindenpaste, Knoblauch, verschiedenen Gewürzen und natürlichen Aromen. Im Original enthält sie auch Sardellen.
Eine Worcestersauce ohne Sardellen, die allerdings bei weitem nicht an das feine Aroma der Originalsauce herankommt, kann schnell selbst hergestellt werden:

0,25 l Malzessig (oder dunkler Balsamessig)
3 Knoblauchzehen, geschält und gehackt
1 TL schwarze Pfefferkörner, grob gemahlen
½ TL Chilipulver
5 EL helle Sojasauce
1 cm frischer Ingwer, geschält und gerieben
1 TL Rohrzucker
1 EL gehackte Zwiebel

Alle Zutaten in ein Mixgefäß geben und mit dem Mixer verquirlen. Die Sauce in eine gut verschließbare Flasche füllen. Im Kühlschrank aufbewahren und vor Gebrauch gut schütteln.

Marinade II für Rinderhack-Jerky

1 EL Sojasauce
1 EL Worcestershiresauce
1 TL Salz
1 TL schwarzer Pfeffer
1 TL Zitronenpfeffer
1 TL Currypulver
½ TL Ingwerpulver
½ TL Koriander
½ TL Knoblauchpulver
½ TL Zwiebelpulver

Zubereitung siehe oben. Das Hackfleisch ist fertig, wenn es sich trocken anfühlt und sich biegen lässt, ohne zu brechen. Wenn es beim Biegen in der Mitte auseinander bricht, wurde es zu lange getrocknet.

(Schweine-) Hackfleisch für Trekkingtouren

Fettarmes, frisches Hackfleisch eignet sich gut zum Dörren. Da sich allerdings im rohen Hackfleisch, besonders vom Schwein, auch leicht gesundheitsschädigende Mikroorganismen vermehren können (siehe S. 108), sollte es vor dem Dörren gekocht oder in der Pfanne (ohne Fett!) durchgebraten werden. Das abgekühlte Hack auf eine doppelte Lage Küchenpapier geben, mit einer weiteren Lage Küchenpapier abdecken und mit einem Wellholz so viel vom Fett, das im Fleisch verblieben ist, wie möglich herauspressen. Die kleinen Fleischbröckchen nach Belieben - aber nicht zu stark - mit Salz, Pfeffer und Kräutern würzen

9.7: Mageres Rindergehacktes beansprucht die Kaumuskeln weit weniger.

Selbstgemachte Teriyaki Sauce

Teriyaki ist eine Sauce aus Ostasien. Sie kann fertig im Asialaden gekauft oder selbstgemacht werden. Rezepte zum Selbermachen sind zahlreich im Internet zu finden. Hier ein einfaches Rezept, ausreichend als Marinade für 1,5 kg Frischfleisch:

0,15 l Sojasauce
0,15 l Mirin (süßer Reiswein)
2 EL brauner Zucker
1 EL gehackte Frühlingszwiebeln
2 TL frisch geriebener Ingwer
1 EL frisch geriebener Knoblauch

Statt Mirin, dem süßen Reiswein, kann auch die gleiche Menge Sherry Medium zugegeben werden. Die Sojasauce, den Mirin oder Sherry und den Zucker zum Kochen bringen, Knoblauch, Ingwer und Frühlingszwiebeln zu der Flüssigkeit geben bzw. die Pulver einrühren und alles etwa 5 Minuten köcheln lassen. Abkühlen lassen und als Marinade benutzen.

und auf einem mit Backpapier/Dörrfolie ausgelegtem Sieb im Dörrgerät oder im Ofen bei 55 bis 60°C dörren, bis sie knusperdürr sind (ca. 6 bis 8 Stunden). Das getrocknete Hackfleisch ist als Trekkingnahrung beliebt, es eignet sich sehr gut in Pastasaucen (länger mitkochen) oder im siedendem Wasser als nahrhafte Fleischbrühe. 500 g Hackfleisch ergeben 100 bis 125 g Trockenfleisch. Es empfiehlt sich, das Hackfleisch zu vakuumisieren und bis zum Tourenbeginn im Kühlschrank aufzubewahren.

Geräuchertes Schweinefleisch

Schweinefleisch wird durch Räuchern und Pökeln haltbarer gemacht. Als Trekkingnahrung kann es auch getrocknet werden und schmeckt dann, vorher eingeweicht, gut zu Kartoffelpüree, auch wenn es einiges an Kauleistung einfordert. „Kassler", wie das geräucherte Fleisch genannt wird, stammt vom Kamm, den Rippen, der Schulter oder vom Bauch des Schweines. Wichtig ist auch hier, dass das Fleisch fettarm ist bzw. alles Fett, so gut es geht, entfernt wird. Die Fleischscheiben in kochendem Wasser gut nachgaren (durch das Pökeln und Räuchern ist es schon vorgegart), in etwa 0,5 cm große Würfel schneiden und bei 55 bis 60°C so lange dörren, bis die Würfelchen hart sind.

Pemmikan

Ursprünglich diente Pemmikan den nordamerikanischen Ureinwohnern als Reiseproviant und Notvorrat in Hungerzeiten. Sie stellten es aus dem zerstoßenem gedörrten Fleisch von Bisons und Wapitis her, das sie mit Talg (ausgelassenem Fett) mischten. Häufig fügten die Ureinwohner auch noch getrocknete Beeren hinzu. Das sehr kalorien- und proteinreiche Lebensmittel ließ sich ungekühlt gut lagern, wenn es nicht Feuchtigkeit und Hitze ausgesetzt war.
Heute wird Pemmikan meist aus getrocknetem Rindfleisch hergestellt, das in einer leistungsstarken Küchenmaschine zu Pulver zermahlen wird. Traditionell wurde es aus 3 Teilen pulverisiertem Trockenfleisch, 1 Teil Fett und Gewürzen hergestellt, heute wird weniger Fett benutzt. Statt Fett wird in den USA manchmal auch Erdnussbutter eingesetzt. Als sehr energiereiche Wandernahrung wird Pemmikan dann einfach als Brotaufstrich verwendet oder mit Wasser zu einer nahrhaften Fleischbrühe aufgekocht. Auch bei internationalen Expeditionen wird es gemäß Wikipedia aufgrund seines hohen Nährstoffgehaltes und der langen Haltbarkeit gerne mitgenommen. Mittlerweile wird es auch industriell hergestellt, und nicht nur mit Trockenfrüchten, sondern auch mit Getreideflocken gemischt.

Grundrezept Pemmikan

200 g getrocknetes Rinderhack, ungewürzt
50 g Talg, Schmalz oder Erdnussbutter
Gewürze nach Wahl

Das getrocknete Rinderhack im Mixer pulverisieren, mit Talg/Schmalz/Erdnussbutter vermischen, mit Salz, Pfeffer, Trockenkräutern, Chili, getrockneten Beeren, Kreuzkümmel, getrockneten Zwiebeln etc. nach Geschmack würzen. Kleine Bällchen oder Plätzchen formen und einzeln in Frischhaltefolie einwickeln.

Ungekühlt soll Pemmikan mindestens ein bis zwei Monate haltbar sein, im Kühlschrank bis zu einem Jahr. Es ist als Belag auf Brot, gekocht in Wasser als Brühe für unterwegs, als Zugabe in Kartoffelbrei, zu Nudeln und in Reisgerichten schnell bei der Hand. Das Verhältnis getrocknetes Fleisch zu Talg/Schmalz/Erdnussbutter beträgt immer 4:1.

Jerky fleischlos

Tofu Jerky

Tofu, aus Sojabohnen hergestellt, ist eine gute Alternative zu tierischen Eiweißquellen, denn es hat ebenfalls einen hohen Eiweißgehalt. Um Jerkys daraus herzustellen, sollte der Tofu eine so feste Konsistenz wie möglich haben. Im Supermarkt/Bioladen sind gewöhnlich mehrere Sorten erhältlich, darunter auch Räuchertofu, der ziemlich fest ist und ein deutliches Räucheraroma hat. Für den Einstieg kann dieser Tofu ohne weitere Zutaten gedörrt werden. Seidentofu dagegen ist für Jerkys nicht gut geeignet, er ist zu weich, fast cremig, aus ihm lassen sich gut Desserts herstellen. Naturtofu ist die beste Wahl, er ist geschmacksneutral und ziemlich fest.
Ist der Tofu doch recht flüssig, sollte er noch weitere Flüssigkeit verlieren, das verkürzt die Dörrzeit und er kann Gewürze besser aufnehmen. Dazu wird der Tofublock mit einigen Lagen Küchenpapier umwickelt und mit einem Gewicht (z.B. wassergefüllter kleiner Topf o.ä.) für etwa 30 Minuten beschwert, um möglichst viel Feuchtigkeit aus ihm herauszupressen. Ist seine Konsistenz fester geworden, wird er gewürzt. Die einfachsten Würzen sind Sojasauce oder Tamari (glutenfrei), aber auch Trockengewürze jeglicher Art wie Chili-, Knoblauch-, Zwiebelpulver, etwas Honig oder brauner Zucker sind möglich. Im Prinzip können alle Marinaden übernommen werden, die auch bei Jerkys aus Fleisch Verwendung finden.

Auch die Herstellung der Jerkys ist entsprechend:

- In einem Behälter mit Deckel alle Zutaten außer dem Tofu mischen und ca. 10 Minuten ziehen lassen. Den in dünne Streifen geschnittenen Tofu dazugeben und gut mit der Marinade umgeben, die Tofustreifen sollten von allen Seiten damit bedeckt sein. Die Marinade im Kühlschrank 6 bis 12 Stunden lang in den Tofu einziehen lassen. Ab und zu den Behälter schütteln. Mancher Tofu bricht leicht und würde das Einmassieren der Marinade durch Schütteln des Behälters nicht unbeschädigt überstehen. Dann ist es besser, die Marinade mit einem Kochpinsel auf die Tofustreifen allseitig gut aufzutragen und einwirken zu lassen.

9.8: Tofu hat kaum Eigengeschmack, eine würzige Marinade ist deshalb wichtig.

- Die Tofu-Streifen einlagig mit etwas Abstand zueinander auf die Siebe des Trockners geben und bei 45 bis 50°C etwa 4 bis 6 Stunden lang dörren.

Im Folgenden einige eher ungewöhnliche Marinaden, die aber gut zu Tofu passen:

Wasabi-Marinade

4 EL Sojasauce
1 EL Wasabi Pulver (alternativ Meerrettichpulver)
2 TL Zitronensaft
1 TL Zucker
1 TL milder Balsamicoessig
1 TL frischer geriebener Ingwer
400 g Tofu Natur, in Streifen geschnitten

Marinade mit Käsegeschmack

2 EL Zitronensaft
2 EL Nährhefeflocken
1 TL Salz
1 Prise Cayennepfeffer (optional)
400 g Tofu Natur, in Streifen geschnitten

Die Zutaten, außer dem Tofu, in einer kleinen Schüssel mischen und 10 Minuten ziehen lassen. Dann alle Seiten der Tofustreifen mit der Gewürzmischung einpinseln und im Kühlschrank 6 bis 24 Stunden einwirken lassen. Die Streifen mit etwas Abstand zueinander 6 bis 12 Stunden bei einer Temperatur zwischen 45 und 50°C trocknen lassen. Die Tofustreifen haben durch die Nährhefezutat einen cheddarähnlichen Käsegeschmack, der Cayennepfeffer sorgt für etwas Schärfe.

Marinade mit Ingwer und Chili

3 kleine Knoblauchzehen
4 cm frischen Ingwer
6 cm Chilischote
2 EL Limettensaft
2 EL Sojasauce
1 EL brauner Zucker
400 g Tofu Natur, in Streifen geschnitten

Knoblauch schälen und durch eine Knoblauchpresse drücken. Ingwer schälen und feinreiben. Chili waschen, längs auftrennen, Kerne entfernen und sehr klein hacken. Dann die anderen Zutaten dazugeben und alles gut verrühren. Die Tofustreifen mit der Marinade vermischen und im Kühlschrank vor dem Dörren 6 bis 12 Stunden einwirken lassen.

9.9: Sehr gut passende Zutaten für Marinaden: Chilischote, Ingwer, Knoblauch und Schalotte.

9.10: Würzige Tofuplätzchen als Snack zum Wein.

9.9

9.10

Seitan-Jerky

Seitan wird seit Jahrhunderten von asiatischen Mönchen als Fleischersatz bzw. Proteinquelle genutzt. Er ist eine gute Alternative für Menschen, die Tofu nicht mögen, zumal er recht bissfest ist und dadurch eine fleischähnliche Konsistenz hat. Seitan wird aus Weizenmehl hergestellt, aus dem die Stärke mit Wasser herausgewaschen wurde. Übrig bleibt fast nur Weizeneiweiß, auch bekannt unter dem Namen Gluten. Die gute Botschaft: Weit über 90% der Menschen haben keine Gluten-Unverträglichkeit und für diese können Jerkys aus Seitan eine wohlschmeckende vegetarische Eiweißquelle sein. Der Basisbestandteil von Seitan, das Glutenmehl (auch Seitanmehl genannt) kann fertig gekauft werden. In Freiburg war es allerdings im Februar 2018 weder in größeren Bio- oder Asialäden, noch im Reformhaus erhältlich. Da die Autorin keine Lust hatte, ein Kilo Glutenpulver im Internet zu bestellen, stellte sie das Gluten aus Weizenmehl selbst her, was einfach ist, aber reichlich Zeit sowie Kraft in den Händen braucht. Wer sich ebenfalls entschließt, Seitan aus Mehl und Wasser selbst herzustellen, tut gut daran, sich einige der vielen netten Filmchen darüber im Internet anzuschauen und zu hoffen, dass es schnell gelingen möge, Seitan ebenso fingerfertig und geschickt herzustellen wie es die Darsteller vorführen…

1 kg Weizenmehl (Typ 405) oder Dinkelmehl (Typ 630)
0,75 l Wasser

Das Mehl sollte, wenn möglich, aus biologischem Anbau stammen. Vollkornmehl hat hier keine Vorteile, da alle Mehlbestandteile herausgewaschen werden und nur das Klebereiweiß übrig bleibt. Im Gegenteil, da Vollkornmehl noch Kleie enthält, die Feuchtigkeit bindet, ist das Auswaschen der Stärke eher muhsamer.

9.11: So beginnt die Herstellung von Seitan aus Mehl und Wasser. Und dann heißt es, einen schön glatten Teig herzustellen, der laaange geknetet werden muss.

9.12: Der erste Versuch der Autorin: Anfangerfehler, viel zu viel Wasser benutzt! Das ziemlich flüssige Mehl-Wasser-Gemisch wird hier durch ein mit einem Küchentuch ausgekleidetes Sieb gegossen, in der Hoffnung, noch mehr Seitan zu bekommen als das kleine Häuflein unten im Bild. Der Säuberungsaufwand für Spüle und Gerätschaften danach war beim ersten Versuch enorm, da Weizenkleberspritzer hartnäckig überall festhaften ...

9.13: Happy End: Die nach Methode 2 im Einweckglas mit Marinade gekochten Seitanstreifen schmecken mariniert und gedörrt sehr lecker. Sie sind durch ihre feste Konsistenz ähnlich wie Jerkys aus Fleisch.

9.11

9.12

9.13

So wird's gemacht:

1. ***Seitan gewinnen:*** Mehl und Wasser in einer Schüssel vermischen und zu einem gleichmäßig zähen, nicht flüssigen Teig ohne Mehlklumpen etwa 10 Minuten lang mit der Hand (anstrengend) oder mit dem Knethaken einer Küchenmaschine kneten. Den Teigkloß mit lauwarmem Wasser bedecken und mindestens 2 Stunden, besser länger, zugedeckt ruhen lassen. Dann das Wasser abgießen und den Teig kräftig kneten und walken. Durch das Kneten werden die Bindekräfte des Glutens aktiviert, was an der Elastizität des Teiges spürbar wird. Nach und nach etwas frisches kaltes Wasser zugeben, um die Stärke zu entfernen. Die milchige Flüssigkeit abgießen und weiterkneten. Diesen Vorgang abwechselnd mit kaltem bzw. lauwarmem Wasser etwa 5 bis 6 mal wiederholen, bis aus dem Teig kein weißes Wasser mehr herausgeknetet werden kann. Das abwechselnde Zugießen von kaltem und warmem Wasser fördert das Zusammenziehen der Teigfasern, so wird der Teig elastischer. Während des Auswaschens kann es sein, dass sich der Teig anfühlt, als wolle er sich auflösen. Dann mit kaltem Wasser arbeiten, damit er sich wieder zusammenzieht. Bis der Teig klar abgegrenzt ist, eine kaugummiartig-schwabbelige Konsistenz hat und das Wasser nicht mehr milchig ist, kann gut eine halbe Stunde Knetarbeit nötig sein. Zum Schluss den Teig nochmals ausspülen und fest auspressen. Nun besteht der Teig fast nur noch aus reinem Weizengluten. Anhaltspunkt: Aus 1 kg Mehl kann zwischen 250 und 350 g Seitan hergestellt werden.

2. ***Marinieren und Kochen:*** Da Seitan an sich geschmacksneutral ist, spielt das Marinieren eine große Rolle. Dabei gibt es mehrere Methoden:

Methode 1: Den ungewürzten Teig in Streifen schneiden und die Streifen nochmals stark pressen, um eine festere Konsistenz zu bekommen. Die Teigstreifen dann in einer kochenden Gemüsebrühe mit Sojasauce, Tomatenmark, kleingeschnittenen Knoblauchzehen, Zwiebelstücken, Petersilie, Lorbeerblatt etc. (siehe unten) 30 Minuten stark köcheln. Die Brühe sollte sehr kräftig, ja überwürzt sein. Danach die Seitanstreifen zur weiteren Aromatisierung im würzigen Sud abkühlen und darin 12 bis 24 Stunden im Kühlschrank ziehen lassen. Gekocht hält sich Seitan im Kühlschrank etwa 4 Tage, er kann auch für 2 bis 3 Monate eingefroren werden, wenn er nicht sofort zu Jerkys verarbeitet wird.

Methode 2: Alternativ kann der Seitan auch im Wasserbad mariniert werden, das spart Marinade/Brühe und der Seitanteig wird etwas feinporiger. Dazu den ungewürzten, in Streifen geschnittenen, gut entwässerten Teig vor dem Kochen in einen mit Marinade gefüllten bis 115°C hitzebeständigen Gefrierbeutel geben (besser, weil ohne Kunststoff: in ein Einweckglas mit Deckel) und etwa 45 Minuten im köchelnden Wasser einwecken. Das Behältnis sollte nur zu Dreiviertel gefüllt werden, denn durch das Kochen vergrößert der Teig sein Volumen noch etwas. Der Seitan ist fertig, wenn die Streifen fest und nicht mehr schwabbelig sind. Im Wasserbad werden die Seitanstreifen etwas fester und aromatischer, da sie beim Kochen zwar Marinade, aber kein zusätzliches Wasser aufnehmen. Danach, wie bei Methode 1 die Seitanstreifen zur weiteren Aromatisierung abkühlen und ca. 24 Stunden im würzigen Sud im Kühlschrank ziehen lassen. Als Marinade können im Grunde alle Gewürze und Marinaden Verwendung finden, die auch zum Würzen von Beef-Jerkys zum Einsatz kommen. Gut sind immer Knoblauch, Sojasauce, Curry und Ingwer für eine asiatische Aromatisierung oder Tomatenpüree, Basilikum, Chili, Paprikapulver und Oregano, wenn die Seitanstreifen eine italienische Geschmacksrichtung bekommen sollen.

Methode 3: Den ungewürzten Glutenteig zur Kugel formen, nochmals sehr gut Wasser ausdrücken, wenn nötig zerteilen, in kleine weithalsige Gläser füllen (nicht ganz voll füllen, der Teig dehnt sich etwas aus) und fest ins Glas drücken. Die Gläser im kochenden Wasserbad etwa 45 Minuten garen lassen. So bleibt der Seitan am Stück, ist sehr schön feinporig und kann beliebig in schmale Patties oder Streifen aufgeschnitten werden. Die Streifen oder Patties in einem

9.14: Auch hier wieder: Mehl mit Wasser vermischen.

9.15 und 9.16: Mit dem Knethaken so lange vermischen, bis ein schön glatter Teig entsteht.
Mit etwas Wasser bedecken und ruhen lassen.

9.17: Kneten, kneten, kneten. Etwas frisches Wasser zugeben und das stärkehaltige weiße Wasser entfernen. Am besten nicht in den Ausguss gießen, sondern mit einer kleinen Schale abschöpfen und in ein Gefäß entleeren, um zu verhindern, dass das Abflussrohr irgendwann verstopft. Im Gefäß setzt sich die Stärke am Boden vom Wasser ab. Manche Menschen frieren die Stärke in Eiswürfelbehälter ein und nutzen sie zum Binden von Suppen und Saucen.

9.18 und 9.19: Zum Schluss sollte ein gut abgegrenzter Teigkloß entstehen und das Wasser fast durchsichtig sein, Hier muss weiter geknetet werden, das Wasser ist noch zu milchig, d.h. stärkehaltig.

9.20
Der Seitankloß, hergestellt aus 1 kg Mehl, wiegt fast 350 g.

Behälter mit Deckel in einer stark würzigen Marinade etwa 12 Stunden im Kühlschrank ziehen lassen. Ab und zu den Behälter schütteln, damit sich die Marinade mit dem Seitan bestmöglich vermischt. Anders als bei Tofu können dabei die Stücke nicht durchbrechen, Seitan hat eine sehr feste Konsistenz.

3. ***Das Dörren:*** Die Streifen/Patties einlagig mit etwas Zwischenraum auf den Sieben des Dörrgerätes ausbreiten (alternativ im Backofen mit Umluft, Backofentür zur Entlüftung ein wenig offenlassen) und bei 60 bis 70°C etwa 3 bis 4 Stunden trocknen, bis die Seitanstücke die gewünschte Konsistenz haben. Zwischendurch die Streifen/Patties umdrehen. Je dünner die Jerkystücke sind, desto eher sind sie fest. Sie sollten trocken, aber nicht zu dunkel und noch biegsam sein. Zu lange getrocknet werden die Seitan-Patties steinhart.

- ***Seitan Hackfleisch:*** Für Trekkingtouren kann das gekochte und gewürzte Seitan auch als Basis für eine fleischlose Bolognese wie Hackfleisch zerkleinert und dann gedörrt werden.

9.21: Nach Methode 3 hergestellt: Der Seitan ist fest, lässt sich aber gut in Patties aufschneiden. Zum Vermeiden der Lufteinschlüsse ist noch etwas Übung nötig ...

9.22: Die Patties sind mariniert und dörren bei 70°C vor sich hin. Die Marinade bestand hier aus 3 EL Sojasauce, 1 EL Worcestersauce, 1 EL Teriyakisauce und je 1 TL Paprika, Knoblauch- und Zwiebelpulver sowie ½ TL Ingwerpulverpulver.

Marinaden *für 250 – 350 g Glutenteig (aus 1 kg Mehl gefertigt)*

Marinade I *(Garen im Kochbeutel/Glasbehälter)*

5 EL Tomatenmark
6 EL Sojasauce
4 EL Rapsöl
1 EL Rohrzucker
2 TL (Rauch-)Salz
1 TL Pfeffer, grob gemahlen
1 TL gemahlener Knoblauch

Marinade II *(für Kochbrühe)*

2 Zwiebeln
3 Knoblauchzehen
4 EL Öl
0,5 l Gemüsebrühe, kräftig
6 EL Tomatenmark
4 El Sojasauce
2 Lorbeerblätter
2 TL Rauchpaprika
1-2 TL Salz

Die Zwiebeln schälen und zerkleinern, ebenso die Knoblauchzehen. In dem Öl anbraten, Tomatenmark zugeben und etwas rösten lassen, dann die Sojasauce zugeben, mit der heißen Gemüsebrühe auffüllen, Lorbeerblätter in den Sud geben und mit Rauchpaprika und Salz abschmecken. Der Sud sollte etwas überwürzt sein, da Seitan so gut wie keinen Eigengeschmack hat.

9.21

9.22

Stichwortverzeichnis

Weitere Bücher im ökobuch Verlag

Anders gärtnern

Permakultur-Elemente im Hausgarten. Ob Kräuterspirale, Krater- bzw. Hochbeet, Kartoffelturm, Wurmfarm oder Erdgewächshaus mit Hühnerstall, bei allem dient die Natur als Vorbild. Mit vielen Anleitungen für einen Hausgarten, in dem die Bereiche harmonisch zusammenwirken und sich gegenseitig fördern. Von Margit Rusch. 96 Seiten, mit vielen farbigen Abbildungen, 14,95 €

Mein kleiner Permakultur-Garten

300 kg Ernte auf 150 m² Fläche mitten in der Stadt. Der Autor Josef Chauffrey beschreibt die Kultivierung eines Reihenhausgartens nach Permakultur-Prinzipien und zeigt, wie sich beachtliche Ernteerfolge an Obst u. Gemüse erzielen lassen. 110 Seiten, mit vielen farbigen Abbildungen, 14,95 €

Das Biogarten-Praxisbuch

Anleitung zum naturgemäßen Gärtnern in Bildern. Hier wird das notwendige Wissen vermittelt, um erfolgreich den Boden zu bestellen und reichhaltig gesundes Obst und Gemüse zu ernten. Susanne Bruns. 224 Seiten, viele Abbildungen, 18,95 €

Permakultur im Hausgarten

Mit diesem Buch gibt der Autor einen Leitfaden an die Hand, wie ein Hausgarten Stück für Stück zum persönlichen und vielseitigen Permakultur-Garten gestaltet oder umgestaltet werden kann. Jonas Gampe. 144 Seiten, mit vielen Abbildungen, 16,95 €

Auf 300 qm Gemüseland

… den Bedarf eines Haushalts ziehen. Wie man auf kleinstem Raum einen Nutzgarten anlegt und erfolgreich bewirtschaftet, können wir von unseren Vorfahren lernen. Mit schnellen, praktischen, alphabetisch geordneten Infos über die wesentlichen Pflanzen, über Anbau- und Arbeitsmethoden. Von Arthur Janson. Neugestalteter Nachdruck der Erstausgabe von 1926. 170 Seiten, 13,95 €

Saatgut aus dem Hausgarten

Nach einer Einführung in die Saatgutgewinnung und in die Praxis der Vermehrung werden die nötigen Hilfsmittel, Ernte, Reinigung und Lagerung der Samen sowie Aussaat und Aufzucht beschrieben. Mit kurzen Pflanzenporträts aller im Hausgarten üblichen Kräuter, Gemüse und Blumen. Von Marlies Ortner. 138 Seiten, mit vielen farbigen Abbildungen, 19,90 €

Trocknen und Dörren mit der Sonne

Bau & Betrieb von Solartrocknern. Ein Buch für alle, die einen funktionstüchtigen Solartrockner kostengünstig selbst bauen möchten, um Obst, Gemüse und Kräuter natürlich und hochwertig haltbar zu machen. Außerdem: Praxis des Trocknens mit vielen Tipps aus langjähriger Erfahrung. Herausgegeben von Claudia Lorenz-Ladener. 96 Seiten, mit vielen farbigen Abbildungen, 16,95 €

Terrassen und Decks aus Holz selbst gebaut

Planungsüberlegungen, sinnvolle Konstruktionen, Materialempfehlungen. Viele Beispiele und Schritt-für-Schritt-Bilder vermitteln das Wissen zum Bau schöner Holzdecks. Von Peter Himmelhuber. 102 Seiten, mit vielen farbigen Abbildungen, 14,95 €

Mein Garten lebt

Vögel, Schmetterlinge, Igel, Wildbienen und andere nützliche Tiere ansiedeln. Mit Bauanleitungen und Gestaltungsideen, um durch Nisthilfen, Schlafquartiere u.ä, Gärten tierfreundlich zu gestalten. Von Peter Himmelhuber. 96 Seiten, mit vielen farbigen Abbildungen, 14,95 €

Natürlich konservieren

Die 250 besten Rezepte, um Gemüse und Obst möglichst naturbelassen haltbar zu machen und ein maximum an Vitaminen, Nährstoffen und Geschmack zu erhalten. Herausgegeben von Terre Vivante. 160 Seiten, mit vielen Abbildungen, 14,95 €

Trockenmauern für den Garten

Bauanleitung & Gestaltungsideen. Ob Sitzplätze oder Hochbeete einzufassen, eine Hangfläche zu terrassieren oder das Grundstück einzugrenzen: Mit einfachen Werkzeugen kann jeder kostengünstig eine schöne und dauerhafte Trockenmauer selbst bauen. Von Jana Spitzer und Reiner Dittrich. 96 Seiten, mit vielen farbigen Abbildungen, 13,95 €

Hütten von Kindern selbst gebaut

Das Buch zeigt schön illustriert, wie Kinder ohne großen Aufwand ihr eigenes kleines Reich erschaffen können, mit Baumaterialien, die fast alle draußen zu finden sind: Spielhäuschen, Kuppelbau, Schlupfwinkel, Beobachtungsversteck. Ab 8 Jahre. Von Louis Espinassous. 58 Seiten, mit vielen Abbildungen, 13,95 €

Kleine Baumhäuser und Hütten

... kinderleicht gebaut. Hier wird gezeigt, wie Baum- und Stelzenhäuser gebaut werden können. Mit Anleitungen für verschiedene Konstruktionen und Bildern von realisierten Beispielen. Von David Stiles. 96 Seiten, mit vielen farbigen Abbildungen, 14,95 €

Holzbacköfen im Garten

Detaillierte Bauanleitungen vom einfachen Lehmofen bis zum gemauerten Brotbackhäuschen. Mit vielen Erfahrungen und Ratschlägen sowie pfiffigen Tipps und Rezepten. Herausgegeben von Claudia Lorenz-Ladener. 138 Seiten, mit vielen Abbildungen, 17,95 €

Gestalten mit Stein im Garten

Pflastern von Wegen, Terrassen und Zufahrten, Anlegen von Treppen und das Errichten von Mauern und Hangbefestigungen, mit Hinweisen zur Materialwahl, zu Aufwand und Kosten, und mit Anregungen für eigenes Schaffen. Von Peter Himmelhuber. 126 Seiten, mit vielen farbigen Abbildungen, 15,95 €

Naturkeller

Grundlagen der Kühllagerung und Anleitungen für Planung und Bau naturgekühlter Lagerräume im Haus und Freiland. Von Claudia Lorenz-Ladener. 140 Seiten, mit vielen Abbildungen, 19,90 €

Gestalten mit Holz im Garten

Bodenbeläge, Holzdecks, Zäune, Rankgerüste, Lauben. Bauanleitungen und Gestaltungsideen für Nützliches und Dekoratives aus Schnittholz und aus grünem Holz. Von Heidi Howcroft. 136 Seiten, mit vielen Abbildungen, 18,95 €

Einfache Lauben und Hütten selbst gebaut

Einfache Paradiese zum Selbstbauen. Bauanleitungen für schnell zu errichtende Behausungen (Tipi, Baumhaus, Kuppelbau, Hogan etc.), sowie für schöne Lauben für den Garten oder die freie Natur. Von Claudia Lorenz-Ladener. 160 Seiten, mit vielen farbigen Abbildungen, 16,95 €

Kleine grüne Archen

Passivsolare Gewächshäuser als Alternative zum transparenten Standard-Gewächshaus. Das Buch zeigt, wie Solargewächshäuser freistehend, angelehnt oder teilweise in der Erde versenkt auch selbst gebaut werden können. Von Claudia Lorenz-Ladener. 128 Seiten, mit vielen farbigen Abbildungen, 22,90 €

Mit Weiden bauen

Anleitungen für Zäune, Laubengänge, Wigwams, Sitzplätze und grüne Kuppeln. Arbeiten mit lebendem Material, aus dem sich viele schöne, nützliche Dinge herstellen lassen.
Von Jon Warnes. 60 Seiten, mit vielen farbigen Abbildungen, 12,95 €

Färben mit Pflanzen

Färbepflanzen - Rezepte - Anwendung. Aufbereitung und Anwendung heimischer Färbepflanzen zum Färben von Wolle und Stoffen werden in zahlreichen Rezepten detailliert beschrieben.
Von Dorit Berger. 96 Seiten, mit vielen farbigen Abbildungen, 14,95 €

Bauen mit Frischholz

Vom Spalier bis zur Laube – frisches grünes Holz ist ein ausgezeichnetes Material, um daraus nützliche Gartenobjekte herzustellen. Mit Schritt-für-Schritt-Anleitungen für Pflanzbehälter, Spaliere, Bänke, Lauben usw. Von Alan und Gill Bridgewater. 80 Seiten, mit vielen Abbildungen, 12,95 €

Essbare Wildpflanzen aus dem Hausgarten

150 Arten: Obst, Kräuter, Gemüse. Wie eine dauerhafte Pflanzenlandschaft aus fruchttragenden Bäumen und Sträuchern, wilden Stauden sowie Kräutern und essbaren Bodendeckern geschaffen werden kann. Mit mehr als 70 Pflanzenporträts essbarer Wildfrüchte, Wildkräuter und Wildgemüse und Tipps zu deren Verwertung. Von Marlies Ortner. 126 Seiten, mit vielen Abbildungen, 16,95 €

Bunte Körbe aus Gräsern und Kräutern

Die Technik des Korbwickelns neu entdeckt. Anleitungen zur Herstellung von bunten Körben durch Wickeln und Vernähen von Strängen aus heimischen Faserpflanzen. Mit vielen Schritt-für-Schritt-Anleitungen. Von Walter Friedl. 96 Seiten, mit vielen farbigen Abbildungen, 17,95 €

Hauserneuerung

Instandsetzen - Modernisieren - Energiesparen - Umbauen: mit Anleitung zur Selbsthilfe. Das Buch beschreibt ausführlich den behutsamen, handwerklich sachgerechten und umweltverträglichen Umgang mit alter Bausubstanz. Von G. Haefele, W. Oed und L. Sabel. 256 Seiten, mit vielen Abbildungen, 28,90 €

Vom Altbau zum Effizienzhaus

Energietechnische Gebäudesanierung in der Praxis: Nachträgliche Wärmedämmung der Gebäudehülle, Fenstererneuerung, sowie Sanierung der Haustechnik einschließlich Lüftung, Heizung, Sanitär und Elektro. Hrsg. von Ingo Gabriel und Heinz Ladener. 200 Seiten, mit vielen farbigen Abbildungen, 28,90 €

Praxis: Holzfassaden

Material, Planung, Ausführung. Das Buch zeigt nicht nur die gestalterischen Möglichkeiten moderner Holzfassaden, sondern stellt zahlreiche vorbildliche Beispiele und Detaillösungen mit Ecken, Sockel, Dach- und Fensteranschlüssen vor. Von Ingo Gabriel. 112 Seiten, mit vielen farbigen Abbildungen, 28,- €

Handbuch Lehmbau

Umfassendes Lehrbuch und Nachschlagewerk: Es zeigt Einsatzmöglichkeiten, Eigenschaften und Verarbeitungstechniken des Baustoffes Lehm. Mit Forschungsergebnissen und Beschreibungen ausgeführter Lehmhäuser. Von Gernot Minke. 222 Seiten, mit vielen Abbildungen, 38,- €

Neues Bauen mit Stroh in Europa

Bauen mit großformatigen Quadern aus gepresstem Stroh: gebaute Beispiele, erprobte Bauformen und Konstruktionen, Besonderheiten, neue Projekte und Forschungen. Von H. u. A. Gruber u. H. Santler. 112 Seiten, mit vielen Abbildungen, 14,95 €

Handbuch Strohballenbau

Ein Konstruktions-Handbuch, das Konzeption, Bautechnik und alle Details beschreibt, um aus Strohballen gut gedämmte, dauerhafte Häuser zu bauen. Mit vielen Konstruktionsdetails und Beispielen. Von Gernot Minke und Benjamin Krick. 152 Seiten, mit vielen farbigen Abbildungen, 29,90 €

Haus der Zukunft

Ein Drittel aller Treibhausgase entsteht (noch) bei uns Zuhause. Das Buch möchte motivieren und zeigen, wie unser Zuhause in 20 bis 40 Jahren aussehen könnte und welche Wege dorthin führen. Von Simon Grieger. 196 Seiten, mit vielen farbigen Abbildungen, 24,90 €

Regenwasser für Garten und Haus

Ein kompetenter Ratgeber für Planung und Bau von Regenwassersammelanlagen nach dem Stand der Technik: Bemessung, Genehmigung, Speichertanks, Pumpen, Rohrleitungen, Zubehör. Von Karlheinz Böse. 96 Seiten, mit vielen Abbildungen, 16,95 €

Autonome Stromversorgung

Auslegung, Aufbau und Praxis autonomer Stromversorgungsanlagen mit Batteriespeicher für Beleuchtung und für netzferne Handwerks- u. Landwirtschaftsbetriebe. Von Philipp Brückmann und Georg Bopp. 126 Seiten, mit vielen Abbildungen, 22,90 €

Unser Bücher erhalten Sie in allen Buchhandlungen.
www.oekobuch.de · E-Mail: verlag@oekobuch.de

ökobuch
Zukunft leben